社科汉语研究

CHINESE FOR SOCIAL SCIENCE

2018年第一期
(总第1期)

主编 冯东宁
Edited by Dongning Feng

《社科汉语研究》第1辑
主编：冯东宁

全球世纪出版社 2018 年 3 月第 1 版

4th Floor, Cannongate House, 64 Cannon Street, London EC4N 6AE, UK

此书编入大英图书馆的公开数据中的图书馆编目
版权 © 2018 全球中国研究院

本书保留所有权利。未经版权者的事先许可，此书的任何部分不得以任何形式或任何方法存储于检索系统或传送，包括电子、机械、复印、录制或其他方式。

ISBN (平装) 978-1-910334-22-5; ISBN (精装) 978-1-910334-23-2
CSS DOI https://doi.org/10.24103/CSS
CSS 第 1 辑 DOI https://doi.org/10.24103/CSS.2018

Chinese for Social Science Vol.1
Editor: Dongning Feng

This book first published by Global Century Press 2018
4th Floor, Cannongate House, 64 Cannon Street, London EC4N 6AE, UK

British Library Cataloguing in Publication Data
A catalogue record for this book is available from the British Library

Copyright © 2018 Global China Institute

All rights for this book reserved. No part of this book may be reproduced, stored in a retrieval system, or transmitted, in any form or by any means, electronic, mechanical, photocopying, recording or otherwise, without the prior permission of the copyright owner.

ISBN (paperback) 978-1-910334-22-5; ISBN (hardback) 978-1-910334-23-2
CSS DOI https://doi.org/10.24103/CSS
CSS volume 1 DOI https://doi.org/10.24103/CSS.2018

目录 Contents

编者序 / 冯东宁 1

Preface / *Dongning Feng* 3

第一部分 阅读 Part I Reading

1. 谋略 (supraplanning): 中西文化交流中本土词汇与概念转换的问题 / 胜雅律 Supraplanning (*moulüe*): On the problem of the transfer of earthbound words and concepts in the cultural exchange between China and the West / *Harro von Senger* 6

[中级阅读] 桥梁与假肢 / 宣力
Bridge & artificial limb / *Lik Suen* 18

[高级阅读] 用"三十六计"解读中国的政策法规 / 宋连谊 Interpretation of China's policies and regulations with Thirty-Six Stratagems / *Lianyi Song* 21

2. 费孝通著作对西方社会科学家的启示 / 韩格理 What Western Social Scientists Can Learn from the Writings of Fei Xiaotong / *Gary G. Hamilton* 26

[中级阅读] 水圈和干草 / 宣力 Ripples and straws / *Lik Suen* 42

[高级阅读] 中国地图与拉斐尔壁画 / 宋连谊
A Chinese Map and a Raphael Fresco / *Lianyi Song* 44

3. 中国和印度: 从人类学的视角来看文化的边陲 / 中根千枝
China and India: An Anthropological View in Relation to Cultural Peripheries / *Chie Nakane* 49

[中级阅读] 汉化与梵化 / 宋连谊 Hannization vs Sanscritization / *Lianyi Song* 56

[高级阅读] 家、户、种姓: 中国、日本和印度的社会构造 / 宋连谊
Kinship, Household and *gotra*: Configuration of Societies between China, Japan and India / *Lianyi Song* 59

4. 关于中日农村社会的家与家产的比较研究 / 朴红
A Comparative Study of Family in China and Japan / *Hong Park* 62

[中级阅读] 中国的家与日本的家 / 宣力 China's family (*jia*) vs Japan's family (*ie*) / *Lik Suen* 78

[高级阅读] 中日家庭的继承之异同 / 宋连谊 Family inheritance in China and Japan / *Lianyi Song* 81

第二部分 翻译 Part II Translation

1. 社会科学中的英译汉问题 / 宋连谊 English-Chinese translation in social sciences / *Lianyi Song* 86

[参考资料]《中餐的全球化》吴燕和、张展鸿 合编，檀香山：夏威夷大学出版社，2002年 / 书评作者：陈奕麟 *The Globalization of Chinese Food*. David Y.H. Wu and Sidney C.H. Cheung, eds. Honolulu, HI: University of Hawaii Press, 2002 / Reviewed by *Allen Chun* 89

2. 哲学的翻译和翻译的哲学：谈社会科学中的英汉翻译的问题 / 冯东宁 Translation of philosophy and philosophy of translation: social science translation / *Dongning Feng* 92

[参考资料]《仪式与尊重：在比较语境下扩展中国哲学》，纳维尔著，纽约：纽约州立大学出版社2008年版 / 书评作者：余华 *Ritual and Deference: Extending Chinese Philosophy in a Comparative Context*, Robert C. Neville. New York: State University of New York Press, 2008 / Reviewed by *Yu Hua* 95

[参考资料]礼仪的交织：葬礼在中国和欧洲之间的文化交流》，钟鸣旦著，西雅图&伦敦：华盛顿出版社2008年版 / 书评作者：余华 *The Interweaving of Rituals: Funerals in the Cultural Exchange between China and Europe*, Nicolas Standaert. Seattle & London: University of Washington Press, 2008 / Reviewed by *Yu Hua* 97

3. 功能理论和社会科学文本的翻译 / 冯东宁 A Functional Approach to Social Science Translation / *Dongning Feng* 99

[参考资料]实践者：费孝通教授的人类学使命与利奇教授的游戏 / 王斯福 A Practical Minded Person: Professor Fei's Anthropological Calling and Edmund Leach's Game / *Stephan Feuchtwang* 103

4. "跨文化"、"超文化"或其他？ / 冯东宁 Translation as a 'Transcultural' Text / *Dongning Feng* 112

[参考资料]从跨文化、"际文化"到"超文化"研究：兼评《普世价值梦、民族国家梦及环球共生梦：中欧相逢中的跨文化生成性思考》一文 / 沈骑 From Cross Culture, Interculture to Transculture: Reading 'Universal Dream, National Dreams and Symbiotic Dream: Reflections on Transcultural Generativity in China-Europe Encounters' / *SHEN Qi* 114

[参考资料]寻找"跨文化性"的生存空间 — 回应沈骑 / 于硕 Making Space for 'Transculturality' – A Response to SHEN Qi / *Shuo Yu* 119

作者简介 List of contributors 130

DOI https://doi.org/10.24103/CSS.2018.0a

编者序
Preface

冯东宁 (Dongning Feng)

在全球中国比较研究会和《中国比较研究》期刊的鼎力支持下，在伦敦举行了全球中国对话等国际会议。与会者来自不同的机构，有的来自英国、中国、法国的大学，也有的来自事业单位及政府机构，还有的来自非政府机构及媒体等等。《中国比较研究》对于中国社会科学的比较视野与当今世界的发展不谋而合：学术界、专业人士、政府官员以及普通民众对于中国社会的发展表现出日益强烈的兴趣，为英国、中国及其他国家的机构及学术研究提供了一个很好的共享平台。由于每个领域和学科都有其独特的语言和话语，在此背景下，社科术语、概念、观念及思想的中英互译形成了对话和交流的基础，也是中国同世界其他国家共享思想和研究成果的基石。

有效的对话和思想交流的障碍之一是脱离语境的那些翻译的术语和概念的使用。这些翻译通常给读者一个东方化的中国的表征。针对这一问题，本刊着重讨论和分析翻译及原意的概念和差异。其目的是讨论语言在语境中的使用，以期能够引起学术界对中国社科领域已有翻译文本及语言使用的意义变化的关注。我们重点收录一些包含文本讨论和分析并且涉及语言使用、原文译文概念、源语文化及目的语文化话语属性的原创性文章。毋庸置疑，社会学研究和社科研究与政治思想和各文化的哲学传统之间有着重大而广泛的相互影响。正如本刊中所展示的，社科研究严重依赖哲学研究，哲学的介入使得两种语言间的概念转换更为复杂。

"社科汉语"是"社会科学汉语"的简称，它是特定用途汉语(CSP)的一个分支，如"科技汉语"或"商务汉语"。其创意来自全球中国比较研究会(Global China Institute)，主要素材取之于《中国比较研究》，该刊是用社会科学、人文科学和比较视野研究中国的匿名评审的学术期刊，于2015年创刊(半年刊)，由该研究会旗下的全球中国出版社出版。全球中国出版社是世界上第一家致力于出版英汉双语的社会科学与人文科学著作的出版公司，除了出版中国比较研究的著述，该社出版的著作还具有在全球语境下对世界和人类知识研究的中华视野，以及对中国研究的非中华视野。

《社科汉语研究》的任务并非简单地梳理和提供那些特别的术语、概念、话语的定义以及翻译策略，更在于引起读者注意，从中英文转换及含义差别的角度重新审视这些翻译。

在贯彻本辑刊的上述原则的基础上，本辑还力求能够在语言及概念层面打破固有模式，力图从语言使用，翻译问题及话语属性三个层次给读者以启示。本辑共分为阅读和翻译两个部分，可让读者找到阅读、翻译中可能出现的问题、指示意义与内涵意义之间的相互联系。

本辑贴切地以胜雅律(Harro von Senger)的《谋略》(Supraplanning)为开篇。该文探讨了中西方文化交流中普通词汇和概念的转换，解决了传播和理解跨文化哲学及社会政治概念的问题。宣力和宋连谊参考中国古典作品，从解构角度对《谋略》进行了解读。韩格理(Gary G. Hamilton)研究了费孝通的作品并揭示了其对于西方学术界及研究者的启发。中根千枝(Chie Nakane)将我们的视野带到中国之外，并从人类学的视角批判地看待中国和印度的文化边陲。宋连谊在其《汉化与梵化》(Nannization vs. Sanscritization)中讨论了翻译特定术语和概念时所应用的翻译策略，在《家、户、种姓：中国、日本和印度的社会构造》(Kinship, household and gotra: configuration of societies between China, Japan and India)中对社会结构进行了分析。朴红(Hong Park)对比了中日家和家产的不同概念。宣力和宋连谊评论了中国的"家"(*jia*)和日本的"家"(*ie*)的不同、两者涵义上的差别以及中日对于家族财产继承的不同态度。

本辑第二部分着重探讨翻译过程中出现的问题，描述和分析了翻译与跨文化交际方面的问题。宋连谊以张展鸿和吴燕和的论文集《中餐的全球化》(The globalisation of Chinese food)为文本对社科翻译中的主要问题进行了描述和评价。冯东宁通过研究哲学文本的翻译回应了余华的两篇书评。冯东宁从功能理论的角度探讨了王斯福(Stephan Feuchtwang)的《实践者：费孝通教授的人类学使命与利奇教授的游戏》(A practical minded person: Professor Fei's anthropological calling and Edmund Leach's Game)。最后冯东宁基于沈骑和于硕关于超文化空间现象研究的讨论进而探讨了"超文化性"概念的翻译问题。

《社科汉语研究》每年出版一期，仅为中文。读者可通过当年的《中国比较研究》对有关英文原文作拓展研读。

Preface

Dongning Feng

Under the auspices of Global China Institute, JCCP (*Journal of China in Comparative Perspective*), and Global China Dialogue, a series of international conferences was held in London in recent years. Speakers and delegates came from many and varied organizations including universities in the UK, USA, China, France, public and governmental institutions, NGOs and media. JCCP's commitment to research and studies of Chinese social sciences from comparative perspective coincided with a growing intense interest across the world in the development of Chinese society on the part of academics, professionals, government officials and the general public. This platform is shared by a range of institutions and organizations as well as academia across the UK, China and beyond, and each will have a distinctive use of language and discourse intrinsic to that specific area, institution, discipline and sector. With JCCP's commitment to dual-language publication to benefit scholars and readers of both Chinese and English and, in such contexts, translations of terminologies, concepts, ideas and thoughts on social sciences form the basis of intercultural dialogue and communication and the sharing of ideas and research findings from within China and globally.

One of the obstacles to effective dialogue and exchange of ideas is the use of terms and concepts that are translated, very often out of context. More often than not, these translations can reinforce an orientalized Chinese identity. In response to this issue, translation and the use of language in its original sense have been called into question. Thus, the purpose of this series is to discuss the use of language in its context and to draw academic attention to the usefulness and validity of existing translated text and language usage in Chinese social sciences. In the process of selecting articles and commentaries for this collection, emphasis is given to the original article, which is followed by discussion and analysis of the text in relation to the use of language, concepts of the original and the translated counterparts and discursive properties in both the original and target cultures. It is recognized that sociological and social sciences research interplays heavily and extensively with political thoughts and the philosophical tradition of the respective cultures. Philosophy lends itself to the study of social sciences, but philosophical deployment further complicates the conceptual transfer from one language to another, as demonstrated in this collection.

Chinese for Social Science' or 'Chinese language for Social Sciences' is a branch of 'Chinese for Specific Purposes' (CSP), like 'Chinese for science and technology' or 'business Chinese'. This innovative idea was first developed by Global China Institute. The source articles in this volume have been published in JCCP, the only peer-reviewed academic dual-language journal for social scientific, humanities and comparative studies of China in the world. The biannual journal is founded in 2015, and published by the Global China Press, the first publisher focusing on bilingual publications of China, the Chinese and non-Chinese perspectives of China in a global context.

The task of *Chinese for Social Scinces* is not only to provide correct definitions or recommend translation strategies for particular terminologies, concepts and discourses, but also to try to raise awareness and examine these translations in terms of the transformation and differentiation of meaning in Chinese and English. It aims to debunk stereotyping at both linguistic and conceptual level.

This volume is designed to work at three levels, namely use of language, translation problems and discursive properties. This volume is laid out in two parts, reading and translation, allowing readers to make connections and associations between the reading and possible issues that arise from translations and their denotative and connotative meaning.

Part One of the book fittingly starts with Harro von Senger's article 'Supraplanning (*moulüe*): On the problem of the transfer of earthbound words and concepts in the cultural exchange between China and the West', which thematically addresses the problems in transmitting and understanding philosophical and socio-political concepts across cultural boundaries. It is followed by Lik Suen and Lianyi Song's deconstructive reading of the article, with reference to Chinese classic works. Gary G. Hamilton explores Fei Xiaotong's work and its inspiration to Western academics and researchers. Chie Nakane takes us beyond China and draws critical attention to China and India in an anthropological approach in relation to cultural peripheries. Subsequently, Lianyi Song discusses translation strategies that are applied in translating certain terms and concepts, in his 'Nannization vs Sanscritization', and an analysis of social structure, in his 'Kinship, household and *gotra*: configuration of societies between China, Japan and India'. Hong Park compares the concepts of family and familial properties between China and Japan and, on a similar topic, Lik Suen and Lianyi Song comment on the distinctions and differentiations between China's *jia* (family) and Japan's *ie* (family) and varying attitudes to family inheritance in China and Japan.

Part Two focuses on the issues that arise from the process of translation and includes a number of thematic discussions, with particular attention to cross-cultural communication aspects. Lianyi Song describes and evaluates the main problems in social science translation based on David Y. H. Wu and Sidney C. H. Cheung's article 'The globalisation of Chinese food'. Dongning Feng responds to Yu Hua's two book reviews, by exploring the translation of philosophical texts. He also investigates the translation of Stephan Feuchtwang's article 'A practical minded person: Professor Fei's anthropological calling and Edmund Leach's Game', employing a functional approach. Finally, Dongning Feng takes up the issue of translating the concept of transculturality in response to Shen Qi and Yu Shuo's discussion of study of the phenomenon of transcultural space.

Chinese for Social Science is published annually in Chinese. If you are interested in expanding your reading in English you can find them in JCCP.

第一部分 阅读
Part I: Reading

DOI https://doi.org/10.24103/CSS.2018.1.1

[参考资料]

1. 谋略 (Supraplanning):
关于在中西方文化交流语境下翻译本土词汇及其概念的理解问题

胜雅律 (Harro von Senger)[1]

摘要： 费孝通认为，在过去与现在以及在同一文化的几代人之间，"词是最主要的桥梁"。作者认为，词也是沟通不同文化的人们的最重要桥梁。由此产生的问题是，在何种程度上本土的词汇(指在其他国家的语言中似乎没有一个现成的确切对应的词汇)能从一种文化转换到另一种，而让他文化人们理解的、甚至在其文化环境中使用的，同时又能保留其本土性，也就是说，保留其原汁原味和原意。本文将以一个深深植根于丰富的中国古代和现代规划艺术词汇中的"谋略"一词来讨论这个问题。

关键词： 本土词汇跨文化沟通性，战略，谋略(Supraplanning)，《孙子兵法》[2]

据吴江纪念费孝通百年诞辰活动的记者报道(《人民日报》(海外版)，2010年10月25日)：

> 费孝通逝世后，来开弦弓村的访问者不但没有减少，而且突破了社会学界的范围。

这说明了费孝通不仅仅吸引了社会学家的兴趣，他的影响力实则极为广泛。作为一个汉学家，我在费孝通的著作中找到了很多珍贵的与汉学有关的论述，因为汉学是一门基于中文写作和口头语言的中国文化的科学。费孝通的很多洞见都能够推动中欧文化的共同觉醒，并能够成为将中国概念引入到西方的理论基础。本文的目的是为了说明费孝通的不少思想对于汉学的重要性。

从费孝通在他杰出的著作《乡土中国》一书的英文版看到，他说人们有记忆的能力，而文化靠记忆传承，因此人们不但要在

> 个人的今昔之间筑通桥梁，而且在社会的世代之间也得筑通桥梁。(Fei, 1992: 55; 费孝通, 1985:17)

在《乡土中国》中文版本中，看到费孝通明确地指出：

> 词是最主要的桥梁(费孝通, 1985:17)[3]。

---

[1] 翻译：感谢中山大学社会学和人类学院提供了本文的译稿。
[2] 本文不讨论《孙子兵法》是否由孙子一人所著。本文在行文中会用到《孙子兵法》的三种常用的英文表达法：*Sun Tzu's Art of War, Sun Zi's Art of War* 和 *The Art of War*。
[3] 感谢费孝通百年诞辰纪念大会的组织者常向群博士为我提供了《乡土中国》的中英文两

[参考资料] 1. 谋略 (Supraplanning)

但是这句话的英文被翻成了 "[T]his connection rests upon the ability to use words" (Fei, 1992: 55)。

中文原版著作和英文翻译版虽不太相同，但都为我从新的维度，即跨文化地解读费孝通的重要思想提供了机会。语言不仅是过去与现在、同一文化下代际之间的桥梁，更是不同文化的人们之间的桥梁。

本文聚焦于中西文化交流，即在讲述文化之间语言及语言所带来的概念的转换。作为西方的汉学家，中西方对比始终占据我的脑海。

于是产生了这样的一个问题：本土的语言和概念能够被转译为另一种文化吗？这种转译方法能够使其在另一种文化环境中被理解甚至实践，而同时保持它的本土性？也就是说，它们被翻译之后能否保持其原始质感和意义？

什么是"本土词汇"？即是那些在外文词语中很难找到能与之准确对应的词汇。面对这样的词语，人们经常用一种简单的方法，即选择一种便捷的翻译方式，用一个已经存在的、表面看来似乎对应的外语词汇去套，因此，就往往错过了"本土词汇"的真正意义。

在此，我以中文的"谋略(moulüe)"这一深深的扎根于古代和现代中国的规划艺术(Art of Planning)的词汇为例。谋略，是人们十分熟悉而又非常神秘的字眼(柴, 1991: 1)。近年来，中华人民共和国出版了不可胜数的关于规划(或谋略)的书籍，如：

柴宇球：《谋略库》(第四版), 北京, 1991年。
柴宇球：《谋略论》, 北京, 1991年。
萧诗美：《毛泽东谋略学》, 北京, 2005年。
贺开耀：《邓小平谋略》, 北京, 2004年。
杨庆旺(主编): 实用谋略学词典》, 哈尔滨, 1992年。

然而，就这个"神秘"的中国词汇"谋略"而言，那些中国作者在试图将"谋略"翻译成英语语汇时却简单地使用了诸如"策略"或"战略"等术语，见以下两个例子：

1) 甘生(主编):《商战谋略案例全鉴》, 乌鲁木齐, 1992年。本书封面上的书名被译为 "The Encyclopaedia of Marketing Warfare Strategy Cases"，这样就把"谋略"被翻译成为"战略"。
2) 李炳彦：《大谋略与新军事变革》, 北京, 2004年。本书的第390页上可见，其书名被翻译为"Military Stratagem and the New Revolution in Military Affairs"。 这就是说，"谋略"被翻译成为"计谋"。

在西方，中文术语"谋略"至今仍未受到学术界的关注。在美国的出版物中，鲜有的几位专家把"谋略"译成英语(Detweiler 2010: 9, 13-15)：

1) 美国国防部在其《呈交国会的年度报告：2006年中华人民共和国的军事力量》：

> 在最近的几十年里中国人民解放军复兴了对古代中国治国方略的研究。军事院校的整个部门教授取之于中国几千年的经验的谋略、即战略欺诈(strategic deception)的课程…。

个版本。

2) 马克·斯托克斯[4]在他的《中国联合航空运动：战略、学说和军队现代化》一文中三次提到了中文词汇"谋略"，例如，他说：

> 中国对威慑和强迫的看法与西方略有不同，中国的作者将威慑和强迫与计谋(moulüe;某略[原文，马克·斯托克斯把"谋"写成"某"])的概念相结合，即通过灵巧或高超的战略手段、作战艺术或者战术而获得政治或军事竞赛的成功…。

3) 拉尔夫·索耶(Ralph Sawyer)[5]，一位著名的古代中国军事的翻译家，在《诡诈之道》(*The Tao of Deception*, 2007年)一书中评论了中华人民共和国最近的"谋略"热。他在书中写到：

> "从20世纪80年代中后期开始，尤其是在1991年，古典军事著被当成宝贵的研究素材，同时也兴起了研究战略和计谋[英文原文写的是"strategy and stratagems"而且在英文原文的括号中，为了解释"strategy and stratagems"的意思，就写了：mou-lüeh]的热潮。"

在同一本书中，他将"谋略"翻译为"strategy战略"(Sawyer, 2007: 435 n.6, 437 n.18, 440 n.39)。这令人费解，因为在其书的别的地方，他又把"战略"译为"strategy"(Sawyer, 2007: 447 n. 25, 449 n. 50)。这就是说，索耶把"谋略"和"战略"都翻译成"strategy战略"。

所有上述提到的中国和美国的作者或机构太过简单的使用诸如"战略欺骗"(strategic deception)、"计谋"(stratagem)、"战略与计谋"(strategy and stratagems)或"战略(strategy)"，作为"谋略"的表达方式。"欺骗"作为"谋略"的翻译太过狭窄。即便"谋略"有时以行骗运作，但它不一定总是"战略欺骗"，也许是战术或做战上的欺骗。"计谋"和"战略"也不能完全表达"谋略"的意思。

"计谋stratagem"是指：
- 用兵之术的一种实践；通常是以智取胜或突击敌人的手段或诡计；广义而言，指军事手段。
- 手段或诡计，为了获利而采取的策略或策划；广义而言：制定策略的技能；技巧；诡诈。(Oxford English Dictionary, 1933)

"战略strategy"是指：
- 适用于总体规划和大规模战斗行动的军事指挥艺术的科学。
- 运用此而产生的行动计划。
- 在政治、商业、求偶、或其他方面的计谋技能等……见stratagem。(American Heritage Dictionary, 1981: 1273)
- ……一个周密的计划或方法，或是聪明的计谋……(Webster's Third New International Dictionary, 1976: 2256)

根据我对"谋略"之丰富含义的理解，它不仅仅限于建立在狡诈基础

---

[4] 马克·斯托克斯(Mark Stokes)是负责中华人民共和国和台湾事务的国防部长、国际安全事务部办公室主任，该事务部隶属于美国陆军战争学院战略研究所，前北京美国武官处助理空军武官(1992-1995年)，是《教义 事务中的中国革命》(2005)艺术的作者。该书是由RAND公司和CAN公司合作出资赞助的。

[5] 拉尔夫·索耶(Ralph Sawyer)是一位研究古代和现代中国战争的美国著名学者。他广泛地与重要的情报和国防机构合作。同时，他也是加拿大军事和战略研究中心的研究员。

[参考资料] 1. 谋略 (Supraplanning)

上之规划操作。因此，把"计谋"作为"谋略"的翻译只是抓住了其中的一面，而非其全部的含义。据我对英语单词"strategy战略"的理解，它或者意味着"清新的、长远的、关键性的规划"，或者意味着"计谋strategem"，但不可能是这两种意思的结合，也就是说，它不可以意味着"依靠计谋的清新的、长远的、关键性的规划"。因此，"战略strategy"这种翻译扭曲了"谋略"的意思，因为"谋略"既可以指代一个"长远的关键性的计划"，也可以指代一个计谋性长远的关键性的计划，还可以指代一个非计谋性的长远的关键性的计划。显然上述所援引的中国和美国的翻译者们都未能抓住"谋略"的广泛含义。在他们的翻译中，他们并未真正地将"谋略"的本土性引入英语词汇。这就是说，他们并未将中国词汇和栖居其间的概念翻译到外国文化中，而是仅仅粗浅的找到一个相对应的西方词汇—其含义小于原意—来替换。这种行为不是文化传递，而是中国术语的西化，使之丧失了其本土性。因为现存的西方词汇并没有起到费孝通所说的"桥梁"的作用，而是一个"假肢"，造成了一个相互理解的错觉，无法引领到真正的相互理解。

也许，这种将中国的东西简单地西化的方法，其根源在于西方翻译者并未完全理解中国本土词汇。另一种可能是翻译者简单地假设所有语言之间都有一个能够完全对应的词汇库。根据这个假设，A语言中的每个词汇都能够在B语言里找到一个对等的词汇，即不存在本土词汇和概念群(an earthbound group of words and concepts)，因为词语和概念是普遍统一的，且容易转换。我认为这个假设是不正确的，因为许多词汇在它们自己的语言中有其乡土质感(earthbound touch)，一些特定词汇甚至是仅存于某种语言中。这些词汇"抵抗简单的公式化的翻译。"(Ames, 1993: 71)

"谋略"是什么意思？就专业意义而言，它有着相当特殊的含义，而西方本土语言中是没有合适的术语来描绘的。除非在西方语言中创造出一个新的表达法。对于这样的情况，仅仅靠孔子的"正名"是不够的，必须要"创建一个新的名称"，这样才能够正确地为特定的东西命名。

当代中国对"谋略"的兴趣与"军事谋略学"密不可分，多年来它已经在中国军事科学中取得了准官方的地位。因此，我对"谋略"的分析主要是基于"军事谋略学"的印刷和电子出版物，例如：

- 李炳彦,孙兢：《军事谋略学》(上下卷), 北京, 1989年。
- 罗志华：《军事谋略之道》, 北京, 1995年。
- 《中国谋略科学网》, 军事谋略研究中心, (http://www.szbf.net)。

自二十世纪八十年代中期以来我和最近退役的少将李炳彦在北京见过很多次，以讨论他关于"三十六计"的著作以及其他相关主题。他被认为是中国人民解放军的"军事谋略学"的奠基人。他还担任了《解放军报》的高级编辑，中国新闻工作者协会理事，也是中国孙子兵法研究会理事；同时，他还是隶属于中国人民解放军军事运筹研究所的军事谋略中心的主任。鉴于他在军事谋略学的贡献，李炳彦曾获得多个军事奖项，甚至于1996年受到了江泽民主席的接见。

在介绍我用英语翻译"谋略"的建议之前，我想再现一下李炳彦这位中国军事谋略学专家在《军事谋略学》第一章中的图表(李炳彦,孙兢1989:第9页)。

图一： 中国军事学结构图

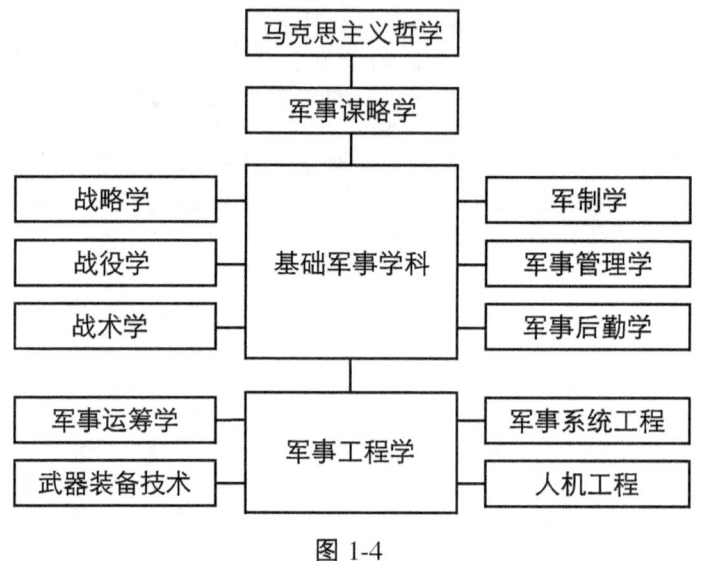

图 1-4

在此没必要解释整个架构。相关的是马克思主义哲学定位在顶部，即便如此，可以从略不谈。自上而下的第二项是"军事谋略学"，再往下最左边的三项分别是：
- 战略学
- 战役学(也翻译为"运作科学")
- 战术学

这个图中最关键的一点是"谋略"高于"战略"，也就是说"谋略"在规划中位于战略之上(拉丁文为supra)，而在西方最高的规划水平是战略。我不认为西方在规划方面存在高于战略规划水平的词汇。

《孙子兵法》最高的境界是"不战而屈人之兵"，通常解释为"不通过战争来征服敌人"(Jullien 1996:63)。有的作者也将它诠释为"大战略"(grand strategy, Sawyer and Sawyer 1994:128; 钮先钟, 2008:253 f.)。什么是"大战略"？以下为简短描述：

> 大战略这种较高的战略的作用就是统筹和指挥一个或多个国家的所有资源，以达到由基本政策来确定战争目标的政治目的。
> 大战略既需要计算和动员国家的经济和人力资源，以便于维持战争实力。此外，道德资源即人们的意志力与拥有具体的权力一样重要。大战略也应该调整服务行业之间和服务行业与工业之间的权力分配。此外，战斗力只是大战略的工具之一，大战略也应该考虑到和运用财政压力的影响，尤其是道德压力，以便于削弱对手的意志……

[参考资料] 1. 谋略 (Supraplanning)

> 最后，虽然战略的视野以战争为界，大战略超越了战争看到随之而来的和平。它不仅要结合很多手段，还要规范它们的使用以避免损害未来和平的状态，即要考虑到未来的安全与繁荣。(Liddell Hart 1954: 335 f.)

从这段引文中可见，"大战略"似乎并不支持无战争的"征服敌人"。"大战略"是展开战争的一种策略。此外，"大战略"也似乎并未注意到使用计谋。大战略是一个不兼顾"计谋"的概念。因此，我认为用西方概念描述《孙子兵法》，如"大战略"或"总战略"(Prestat 2006: 62)，就会使《孙子兵法》西方化，并消解它的中国本土性。《孙子兵法》被转变成西方的战争理论，但它超越了任何西方战争术语所能及的范围，其原因就在其文本中：

> 不战而屈人之兵善之善者也

在中文文本中，我们能够清楚看到，《孙子兵法》中用的是"人"字而不是"敌"字。在《孙子兵法》中，"敌"字使用得相当的多(翟尔斯 1964:188)[6]，为什么它没出现在这句话里？对于一个有着西方战略或大战略视野的西方人来说，这不值一问。对他或她来说，这里的"人"显然就是"敌"的意思。非本土的中国人对《孙子兵法》的评论也如此。据我所知，尽管这里写"人"，而非"敌"，所有西方翻译家和西化了的华人翻译家[7]对这句话的翻译都与这个句子的原意有所偏离，将其翻译为"敌"。在此我仅引述一些有代表性的版本：

- 不战而征服敌人才是真正卓越的军队。(Sawyer and Sawyer 1994: 177)
- 最卓越的是在不打仗的情况下征服敌人的军队。(Ames 1993: 111)
- 终极追求卓越，不在于赢得每一场战争，但在没有战斗却击败敌人。(Minford 2003: 14)
- 不战而屈人之敌是技术的颠峰。(Griffith 1963:77)
- 最好的是不进行战争而征服敌人。(Niquet 2006: 112)
- 最能干的[......]是不进行战争而征服对手的军人。(Klöpsch 2009: 17)

我于2010年6月9日在上海采访过一位中国《孙子兵法》专家[8]，他对上述引文中"人"的解释如下：

> 在不战而屈人之兵善之善者也这个句子中，"屈"的对象不一定是一个迫在眉睫的敌军。这句话也涉及到当时的朋友或盟军乙方。甲方知道在不久的将来，这个盟军也可能成为一个敌人。因此，现在已经要使用计谋等手段使其臣服，在将来才不构成威胁。在这个使用计谋且不战而使其臣服的时间中他还不算是"敌人"。

---

6. 赖安尔·翟尔斯翻译和评论的《孙子兵法》，台北1964年版，第188页：第一至第五章中，"敌"字出现12次，在第六、九、十、十一和十三章中，"敌"字也经常出现。
7. 应该承认，据我所知，中国古代的评论家们已经把"人"字狭义地理解成"敌"字，例如曹操把"不战而屈人之兵"解释成"未战而敌自服"，参照曹操等注《十一家注孙子》，上海1978年，第52页。这样看来，人类要到当代的中国军事谋略学理论的出现，才能够全面地理解孙子兵法中有关句子的广泛的、远见的意义。[编者注：作者的英文版中没有这一注释]
8. 咸文，编著有《孙子兵法大辞典》(上海，1994年)，《孙子兵法十讲》(上海 2007年)以及其他相关书籍。

基于这个对"人"的解释，我分别用德文和英文翻译"不战而屈人之兵善之善者也"这个句子如下：

德文：Ohne einen Waffengang die Streitmacht der Männer der Gegenseite gefügig machen ist erst das Gute vom Guten. (von Senger 2011: 14 f.)。

英文：without using arms to subdue the army of the men of the other side is the best.

通过这个翻译可见，这句话不是着眼于"敌"字上，而是将"人"凸显出来了。这样，较之于很多西方人和西化的中国人的翻译，这个句子就获得了新的以及更长时段的维度。无一例外，上述例举的这些翻译似乎被相对短视的西方战略、甚至是"大战略"思想所主导，而中文原创的句子的含义却远甚于此。一个人一旦被西方术语所禁锢，就成了西方思维模式的奴隶，其结果就是对"人"这个词及其深远意义"视而不见"。这个例子表明了对自身本土性和对中国本土思维认识的重要性。

顺便提及，在我们眼皮下"不战而屈人之兵善之善者也"难道不正在被中华人民共和国使用吗？比如她并未把台湾视作一个"敌人"，多年以来通过越来越紧密的经济关系，使台湾人的"独立"越来越不可能，这是一种如"熊猫爪子"般轻柔，又不引人注意的和平统一的做法。

由于"战略"或"大战略"不适合刚才所讨论的中国传统军事思维中的极度"长时段"(Jullien, 1996:101)的预测视野，因而我建议不用已有的西方术语来描述《孙子兵法》中的规划的艺术，而是用中文词语"谋略"。但"谋略"应该如何翻译以保持其本土性？

在我回答这个问题之前，我想先说明一下我对不翻译中文词汇"谋略"，而直接将它的拼音moulüe引进西方语言的看法。这看似是避免不恰当翻译所引起的失真的一种较为聪明的方式。然而，如果谋略不翻译而只用其拼音moulüe,我们仍然要去解释它的含义，到头来还是于事无补。我仍然对西方语言为异文化本土词汇提供合适的翻译之能力报以厚望。重要的是要真正把握"谋略"这一词汇的基本含义。

将"谋略"翻译为"supraplanning"的两个原因

现在回到李炳彦的《军事谋略学》的图示上来(见图一)。

由于中国谋略高于(拉丁文为supra)西方的战略，因此我选用"supraplanning"这个词作为"谋略"的英文翻译，这是首要的原因。从图一架构中可以看到"supraplanning"表明谋略有着比普通的西方的 "战略"甚至是"大战略"规划中更为长远的时间维度。

把"谋略"翻译为"Supraplanning"的另一个原因，是谋略的另一个特性，而这个特点可以用著名的太极图来解释。

图二　太极图

　　在太极图中，谋略规划不是仅仅位于白色或黑色的某一部分。在这里，白色的部分表示一整套透明、规范和"墨守成规"的解决问题方式，西方的博弈论就属于白色部分。而黑色部分表示一切不透明的、打破常规和出奇制胜的问题解决方式。中国的谋略家有这样一个特点，即他们总是在太极图的上方(拉丁语为supra)高瞻远瞩，同时关注着太极图的黑色和白色部分，战术、战略策略地解决问题。因此，"计谋(stratagem)"不是"谋略"的适当的翻译，因为它片面地强调"黑色"半球，而谋略还包含白色半球即非狡诈规划之意，正如李炳彦说的(1983: 30)：

> 谋略思维的鹰,翱翔于天空，俯瞰具体的战场。

　　谋略家要么选择"墨守成规"，要么就是"出奇制胜"。有时选择二者合二为一。如白色部分的黑点，在一个正统的解决方式中，也常常掺杂一些出其不意的方式。一个遵纪守法但有谋略意识的人，则会意识到正统规范中也能够暗藏一些策略性的(非正常的)意图。

　　例如，1979年7月1日颁布的《中华人民共和国中外合资经营企业法》第5条规定：

> 合营企业各方可以现金、实物、工业产权等进行　投资。外国合营者作为投资的技术和设备，必须确实是适合我国需要的先进技术和设备。如果有意以落后的技术和设备进行欺骗，造成损失的，应赔偿损失。

　　以谋略之眼光来看，你很快就会意识到在这一法规中，至少三十六计中的两个计谋都在其中，第十九条"釜底抽薪"和第三十条"反客为主"。中华人民共和国以合资的法律形式将先进的技术从西方企业中吸取出来的策略(釜底抽薪)，从而达到反客为主的目的，即从一个依靠外国技术的国家变成一个有自己技术的国家。从谋略的角度来说，即便是在阅读法律文本时也应该随时铭记于心，很可能某些计谋隐藏在其中。谋略主张人们时刻保持一个"既黑又白"的分析头脑。

　　一个擅长"谋略"的规划专家必然要高高在上(拉丁语supra)地，即高瞻远瞩地基于两大可选的解决问题的机制作出规划：制胜的白色和黑色手段。因此，谋略规划总是在正常的和非正常的手段(这里不是指犯罪的方式，而是为法律所接受的方式)中间摆动。

　　这与我们所熟知的西方决策理论大不相同。西方决策理论片面地依赖"白色"的博弈论和数学方法等解决问题。据我所知，西方缺乏一套系统的智谋学战略和战术应用理论，尽管"白色"的问题解决方式注重于智力努力。尽管属于太极图的黑面的计谋在西方的具体实践中有广泛的应用，但是大多数还是单凭直觉，而非通过大脑思考进行的计谋性计划。

中国的谋略实践

理查德·尼克松在北京大学的一次演讲中说：

> 有这样一种说法，美国人思考几十年的事……但是中国人思考几个世纪的事。(英帆 1988: p. 210 f.)

而阿尔·戈尔在他的《重塑美国力量的时代挑战》(2008年7月17日)的演讲报告中讲到：

> 十年是我们这个民族能建立并完成目标的最长期限。(Gore, 2008)

也就是说最主要的西方国家的战略规划水平最长也不过是10年。

在中国则完全不同，邓小平在1992年的南巡过程中曾这样说过：

> 坚持党的基本路线，一百年不动摇。

在2012年11月14日《中国共产党章程》重申了这样的阐述(在以往的章程如2002年和2007年的章程中也有相关阐述)：

> 我国正处于并将长期处于这会主义初级阶段。这是在经济落后的中国建设社会主义现代化不可逾越的历史阶段，需要上百年的时间。

此外，在上述《中国共产党章程》中，均设定了两个百年目标(俗称百年大计)：

> 在新世纪新阶段，经济和社会发展的战略目标是，巩固和发展已经初步达到的小康水平，到建党一百年时(2021年)，建成惠及十几亿人口的更高水平的小康社会；到建国一百年时(2049年)，人均国内生产总值达到中等发达国家水平，基本实现现代化。

这两个100年的目标已经被载入以前的章程中，如2002和2007年。正如20世纪80年代中早期，中共主席胡耀邦曾预测，为了富国强民，中华人民共和国将要在21世纪的头30至50年间努力奋斗(von Senger 1985b)。

中国的寓言故事"愚公移山"更加表明中国规划周期比美国的最长规划的周期还要长得多。这个故事讲的是很久以前一位住在中国北方的老翁，他的房子门前有太行山和王屋山两座大山，挡住了出行的道路，于是他下定决心带他的儿子们开始移山。当另外被称为充满智慧的老翁智叟看到他们这种举动时不屑的说道："你们实在太愚蠢了！你们几个人怎么可能把这两座大山搬走呢？"愚翁说："我死后，我的儿子们会继续挖，我的儿子们死后，我的孙子们来挖，就这样子子孙孙不停的挖下去，无穷无尽。这两座山不会变的更高，只要我们挖一次，它就会变得矮一点，为什么我们不能把它移走呢？"

这一高瞻远瞩的视野同样地在常被引用的陈澹然(1860-1930)的文字中反映出来：

[参考资料] 1. 谋略 (Supraplanning)

> 自古不谋万世者,不足谋一时;不谋全局者,不足谋一域。(李炳彦 1983:4)

中国的政治谋略对西方商人来说也意味深长。这里我要讲的一点是中国直至2021年和2049年的长期规划。在这样长的时间周期里,中国需要与国外商业保持联系,不然它将不能突破"长期"的"社会主义初级阶段"的落后局面,这对于西方商人来说意味着一种高度的规划上的保障。另一方面,西方人不应该忽视"谋略"的第二个方面,而应熟知中国的智谋学。如果没有这些知识,他们是无法与中国商业伙伴的智谋相匹敌的。

克服本土的"编码眼光(encoded eye)"

我创造一个新的西方词语(supraplanning)的做法,与王斯福(Stephan Feuchtwang)提供的一个范例雷同。他把费孝通的术语"差序格局"翻译为"social egoism",这与韩理(Gary Hamilton)翻译的为"differential mode of association"不同。我创造的"supra-planning"不是对"谋略"进行字面上的翻译,而是试图抓住其智识上的意义,类似"social egoism"所表达的"差序格局"的意思。"social egoism"和"supraplanning"一样不是一个直接的词对词的翻译,而是试图反映出词语的内涵。

的确,"supraplanning"并非我为了翻译中文而造出的第一个新词。我曾经造过一个新的德语词汇"Polaritätsnorm"来对应中文的"方针"。中国共产党在党的规范中经常采用"方针"来处理事物中的"对立面",例如"一国两制"或"自力更生为主,力争外援为辅",斯图尔特·R·施拉姆(Stuart R. Schram)将"Polaritätsnorm"译为"二元规范"(von Senger, 1985a: 171-207, esp.177)。英语通常都将这类的"方针"翻译译为"方向orientation"或"一般政策general policy",但是,这些英语词汇都没有揭示出中国共产党"方针"的巧妙智识结构。

纵使中文词汇再有本土性,也并不意味着一定要造许多新词。其实,发现恰当的西方词汇能成为翻译中文词汇的优秀"桥梁"。例如,中文"三十六计"中的"计",就能很好的由"stratagem"来表达,这源于古希腊词汇"strategema",在现代西方英语中又有两个意义1)军事计谋2)普通意义上的计谋。(von Senger, 1991:1 ff.)

创造一个新的西方词汇来翻译"谋略"有什么用呢?

首先,通过这个新词,希望普通的西方人能够知道

- 中国有自己的词汇和概念。
- 以英语和德语为例,在面对复杂的世界它们有时太过于本土和狭窄。
- 以他们本土语言的词汇为基础,他们并不了解外国文化遗产中的所有的细微差别。

如果"supraplanning"这个新的词哪怕只是冲击了西方人一点点,因为如果不给他们解释,他们第一次接触到它就不知道这意味着什么,这已是一个很好的效果。西方人应该警惕他们可能有"受到其文化基本代码支配的眼光"(福柯2008:第8、9页)。他们应该知道,自己的"编码眼光"是由其语

言、文化传统、知觉框架、价值观及其实践方式等因素所支配的。当然，中国人也有自己的"编码眼光"。在跨文化的相互交流中，每个人都必须警惕其"编码眼光"。这也是费孝通所说的"亮点"(Fei, 1992:56页)，他说"我们总是忽视我们生活中无关的东西"(Fei, 1992:56页)，对我而言这是福柯所说"编码眼光"的另一种表达方式。在西方"编码眼光"中似乎无关的东西往往在现实中就有关联了。西方的"编码眼光"也许与西方世界很相称，但却可能和整个世界不相称，而中国是世界很重要的一部分。从这个意义上而言，费孝通在《乡土中国》的观点和《被土地束缚的中国》(Fei and Chang, 1945)的概念不仅有其中国根基，也有全球性的意义。在21世纪，"被土地束缚的中国"和"被土地束缚的西方"应该一方面保持其本土性，而相应的也应该向彼此开放，以真诚、创造性的方式，推动真正的相互理解，这不仅仅是一个幻想，而是建筑具有本土关联的"词语桥梁"。如果像我们这样的"研究中国的外来者"(Hamilton and Chang, 2011:22)朝这个方向努力，我们一定能够为西方文化带来"特别的维度"(Hamilton and Chang, 2011:22)。

参考文献

The American Heritage Dictionary of the English Language. 1981. Boston: Houghton Mifflin Company.

Ames, Roger. 1993. *Sun-Tzu: The Art of Warfare, the first English translation incorporating the recently discovered Yin-ch`ueh-shan texts*. Translated with an introduction and commentary. New York: Ballantine Books.

柴宇球主编：《谋略库》，北京：蓝天出版社，1991年第4版，前言。

Detweiler, Christopher. 2010. *An Introduction to the Modern Chinese Science of Military Supraplanning*. (Ph.D. thesis). University of Freiburg. Available at: < http://oatd.org/oatd/record?record=oai\:freidok.uni-freiburg.de-opus\:7726>, [accessed 18 August 2013].

费孝通：《乡土中国》，北京：三联书店，1985[1947]年

— 1992. *From the Soil: The Foundations of Chinese Society*. Translation of Fei Xiaotong"s Xiangtu Zhongguo with an introduction and epilogue by Gary Hamilton and Wang Zheng, Berkeley: University of California Press.

费孝通，张之毅：《被土地束缚的中国：云南乡村经济研究》，伦敦，1948年。又名：《云南三村》，中国社会科学文献出版社，2006年 (Hsiao-T'ung, Fei and Chih-I, Chang. 1948. *Earthbound China: A Study of Rural Economy in Yunnan*. London: Routledge & Kegan Paul, 1948)

Foucault, Michel. 2008[1966]. *Les mots et les choses: Une archéologie des sciences humaines*. Paris: Gallimard.

— *The Order of Things: An Archaeology of the Human Sciences*. 1982[1970]. Pantheon Books.

[法]米歇尔·福柯著，莫伟民译，《词与物人文科学考古学》，上海三联书店，2002年，前言。

赖安尔·翟尔斯 (Lionel Giles 翻译和评论)：《孙子兵法》，上海/伦敦，1919年原版；台北1964年再版)。(Giles, Lionel. 1964[1919]. *Sun Tzu on the Art of War. Translation, introduction and critical notes*. Reprinted in Taipei: Literature House, Ltd.)

Gore, Al. 2008. 17 July *Speech on Climate Change*. [online] Available at: <http://www.mahalo.com/al-gore-climate-change-speech-july-17-2008> [Accessed 18 August 2013].

Griffith, Samuel. 1980[1963]. *Sun Tzu: The Art of War. Translation and Introduction, with Foreword by Basil Liddell Hart*. London/Oxford/New York: Oxford University Press.

Hamilton, Gary and Chang, Xiangqun. 2011. 'China and World Anthropology – A conversation on the legacy of Fei Xiaotong' (1910-2005), *Anthropology Today*, No.6.

Jullien, François. 1996. *Traité de l'efficacité*. Paris: Grasset.

[参考资料] 1. 谋略 (Supraplanning)

Klöpsch, Volker. 2009. *Sunzi. Die Kunst des Krieges: Übertragung aus dem Chinesischen und Nachwort*. Frankfurt a.M. und Leipzig: Insel Verlag.
李炳彦：《兵家权谋》，北京：解放军出版社，1983年。
李炳彦，孙兢：《军事谋略学》（上下），北京：解放军出版社，1989年。
Liddell Hart, Basil. 1967[1954]. *Strategy*. 2nd Edn. Meridian/New York: Penguin.
Liddell Hart, Basi. 1980[1963]. "Foreword" in Samuel Griffith, *Sun Tzu: The Art of War. Translation and introduction*. London, Oxford and New York: Oxford University Press.
Minford, John. 2003. *The Art of War. Sun-tzu (Sunzi). The essential translation of the classic book of life*. New York: Penguin.
Niquet, Valérie. 2006. *Sun Zi. L'art de la guerre. Traduction et édition critique*. Paris: Economica.
钮先钟：《钮先钟论孙子兵法》，见司马琪主编：《十家论孙》，上海:上海人民出版社，2008年。
The Oxford English Dictionary. 1933. Vol. 10, Oxford: Clarendon Press.
Prestat, Maurice. 2006. 'Introduction' in Valerie Niquet, *Sun Zi. L'Art de la guerre. Traduction et edition critique*. Paris: Economica.
Sawyer, Ralph. 2007. *The Tao of Deception: Unorthodox Warfare in Historic and Modern China*. New York: Basic Books.
Sawyer, Ralph and Sawyer, Mei-chün Lee. 1994. *Sun-tzu: The Art of War. Translation, introductions and commentary*. Boulder: Westview Press.
von Senger, Harro. 1985a. 'Recent Developments in the Relations between State and Party Norms in the People's Republic of China' in Stuart Schram (Ed.), *The Scope of State Power in China*. London etc.: SOAS and The Chinese University Press.
— 1985b. 'Zukunftsziele im Reich der Mitte'. *Neue Zürcher Zeitung*, 10 April p. 5.
— 1991. *The Book of Stratagems*, New York: Penguin.
— 1995. 'Earthbound China - Earthbound Sinology: On the Feasiblity of Cultural Transfer from China to Europe'. *Archív Orientální* (63): 352-359.
— 2008. *Supraplanung: Unerkannte Denkhorizonte aus dem Reich der Mitte*. München: Hanser Verlag.
— 2011. *Meister Suns Kriegskanon: translation, annotation and commentary*. Stuttgart: Philipp Reclam jun.
— 2013. *Die Klaviatur der 36 Strategeme: In Gegensätzen denken lernen*, München: Hanser Verlag.
Webster's Third New International Dictionary of the English Language Unabridged. 1976. Springfield: G. & C. Merriam Company.
叶晓楠：《吴江纪念费孝通百年诞辰》，《人民日报(海外版)》，2010年10月25日第04版。人民网 (http://paper.people.com.cn/rmrbhw b/html /20 10-10/25/ content_653151.htm)。
英帆 编译:《外国领导人访华讲话选编》(英汉对照)，北京:中国对外翻译出版公司，1988年。
《中国共产党章程》(17大)，2007年10月21日通过，英汉对照，中国日报网 (http://www.chinadaily.com.cn/language_tips/2007-10/31/content_6219108.htm)。
《中国共产党章程》(18大)，2012年11月14日通过，汉英对照，中国网(http://www.china.org.cn/chinese/18da/2012-11/19/content_27156212_2 .htm)。
中华人民共和国中外合资经营企业法 (1979年)，中国法院网 (http://old.chinacourt.org/flwk/show.php?file_id=1072)。

[中级阅读]

桥梁与假肢
Bridge & artificial limb

宣力(Lik Suen)编[1]

著名社会学家费孝通在他的著作《乡土中国》中提出,"文化靠记忆传承。因此词是最重要的桥梁。"这些词语表达就像桥梁一样,存在于几代人之间。老一辈的中国人和年青一代中国人,因为有语言这个桥梁可以交流,所以文化得到延续。

汉学研究的是中国文化,所以离不开观察中文,借助汉语的词汇。可是,语言会有词不达意的时候,儿童文学作品《小王子中》有一句话说:"语言是误解的源泉。"("Language is the source of misunderstandings"), 表达的就是这个意思。而跨文化翻译的局限更大,造成的误解也更多。英文中也有一个表达,"Lost in translation" 说的是翻译造成的错觉,以及翻译在文化面前的无能为力。

汉学家胜雅律先生关心中文中的概念和语言,在翻译成外文的过程中是如何受到影响的。他详细地比较了中文 "谋略" 一词在英文文献中的各种翻译,认为把"谋略"翻译为"战略",只是抓住了词义的一个侧面,没有将真实意义解释清楚,因而形成文化上的错觉。

胜雅律先生认为语言及其表达的概念在跨文化交际中,要保持本土化。他强调翻译中要克服'编码眼光',不能简单地进行词与词的直接转换,而是要深入理解中国的文化历史和中国人的思维方式,去寻找准确的翻译。只有这样,语言才能成为跨文化交流中的桥梁,而不是似是而非,功能有限的"假肢"。

标签:社科汉语　　　级别:中级　　字数:506

生词

桥梁	qiáoliáng	bridge
假肢	jiǎzhī	artificial limb
著作	zhùzuò	book
靠	kào	by; rely on
记忆	jìyì	memory

---

[1] 本文是作者根据发表在本刊的胜雅律(Harro von Senger)的原作:《谋略(Supraplanning):关于在中西方文化交流语境下翻译本土词汇及其概念的理解问题》一文,节选、改编并改写为社科汉语的中级读物。感谢广州大学中文系王凤霞教授在伦敦大学亚非学院访问期间对本文的帮助,同时谢谢全球中国比较研究会的志愿研究、翻译和编辑人员的积极参与,他们是:中国重庆大学法学院博士候选人杨宇静、香港理工大学中国语言文学专业硕士研究生王思齐、以及双语系本科生王冰然和武潇潇。

传承	chuánchéng	inheritance
存在	cúnzài	exist
辈	bèi	generation
代	dài	generation, era
交流	jiāoliú	exchange
延续	yánxù	continue; the continuation of
观察	guānchá	observation
借助	jièzhù	with the help of
误解	wùjiě	misunderstanding
源泉	yuánquán	source
表达	biǎodá	expression
跨文化	kuà wénhuà	intercultural; cross cultural
翻译	fānyì	translate, translation
局限	júxiàn	limit; limited
错觉	cuòjué	illusion
概念	gàiniàn	concept
详细	xiángxì	detailed
谋略	móulüè	strategy
战略	zhànlüè	strategy
抓住	zhuā zhù	catch; grasp
侧面	cèmiàn	side
真实	zhēnshí	true
因而	yīn'ér	thus
形成	xíngchéng	form
交际	jiāojì	communication
本土化	běntǔ huà	localization
克服	kèfú	overcome
编码	biānmǎ	code; coding
眼光	yǎnguāng	vision
直接	zhíjiē	direct
转换	zhuǎnhuàn	change; transformation
深入	shēnrù	thorough; in-depth
思维	sīwéi	thinking
方式	fāngshì	mode; method
准确	zhǔnquè	accurate
功能	gōngnéng	function
有限	yǒuxiàn	limited

短语

词不达意：Cí bù dá yì (The language fails to express the meaning)
无能为力：Wú néng wéi lì (powerless; incapable of action)
似是而非：Sì shì ér fēi (appears / looks right, but is in fact wrong)
受到影响：Shòudào yǐngxiǎng (to be affected)

思考题

1) 文章中的"桥梁"与"假肢"指的是什么？
2) "语言是误解的源泉。"你同意这个说法吗？可以举几个例子吗？
3) 胜雅律先生说的'编码眼光'是什么意思？

详细阅读：

请参考本期胜雅律原文：《谋略(supraplanning) —— 中西文化交流中本土词汇与概念转换的问题》

[高级阅读]

用"三十六计"解读中国的政策法规[1]
Interpretation of China's Policies and Regulations with Thirty-Six Stratagems

宋连谊 编

  语言不仅是过去与现在、同一文化下代际之间的桥梁，更是不同文化的人们之间的桥梁。本文聚焦于中西文化交流，即在讲述文化之间语言及语言所带来的概念的转换。

  本土的语言和概念能够被转译为另一种文化吗？这种转译方法能够使其在另一种文化环境中被理解甚至实践，而同时保持它的本土性？

  什么是"本土词汇"？即是那些在外文词语中很难找到能与之准确对应的词汇。面对这样的词语，人们经常用一种简单的方法，即选择一种便捷的翻译方式，用一个已经存在的、表面看来似乎对应的外语词汇去套，因此，就往往错过了"本土词汇"的真正意义。

  在此，我以中文的"谋略"这一深深的扎根于古代和现代中国的规划艺术(Art of Planning)的词汇为例。

  就这个"神秘"的中国词汇"谋略"而言，那些中国作者在试图将"谋略"翻译成英语语汇时却简单地使用了诸如"策略"或"战略"等术语。在西方，中文术语"谋略"至今仍未受到学术界的关注。在美国的出版物中，少有的几位专家把"谋略"译成英语(Detweiler 2010: 9, 13-15)。

  一些中国和美国的作者或机构太过简单的使用诸如"战略欺骗"(strategic deception)、"计谋"(stratagem)、"战略与计谋"(strategy and stratagems)或"战略(strategy)"，作为"谋略"的表达方式。

  "谋略"是什么意思？就专业意义而言，它有着相当特殊的含义，而西方本土语言中是没有合适的术语来描绘的。除非在西方语言中创造出一个新的表达法。

  理解谋略含义最关键的一点是"谋略"高于"战略"，也就是说"谋略"在规划中位于战略之上(拉丁文为supra)，而在西方最高的规划水平是战略。我不认为西方在规划方面存在高于战略规划水平的词汇。

  《孙子兵法》最高的境界是"不战而屈人之兵"，通常解释为"不通过战争来征服敌人"(Jullien 1996: 63)。

---

[1]. 本文是作者根据发表在本刊的胜雅律(Harro von Senger)的原作：《谋略(Supraplanning)：关于在中西方文化交流语境下翻译本土词汇及其概念的理解问题》一文，节选、改编并改写为社科汉语的高级读物。感谢南昌大学外语学院、剑桥大学访问学者徐海燕副教授对本文的帮助，同时谢谢全球中国比较研究会的志愿研究、翻译和编辑人愿的积极参与，他们是：上海应用技术学院社会工作系副教授刘群博士、英国谢菲尔德大学东亚研究系博士候选人郭成倩，以及香港理工大学翻译专业硕士研究生王思茵。

据我所知，尽管这里写"人"，而非"敌"，所有西方翻译家和西化了的华人翻译家对这句话的翻译都与这个句子的原意有所偏离，将其翻译为"敌"。

基于这个对"人"的解释，我对这个句子的翻译如下：

> Without using arms to subdue the army of the **men** of the other side is the best.

通过这个翻译可见，这句话不是着眼于"敌"字上，而是将"人"凸显出来了。这样，较之于很多西方人和西化的中国人的翻译，这个句子就获得了新的以及更长时段的维度。这个例子表明了对自身本土性和对中国本土思维认识的重要性。

顺便提及，在我们眼皮下"不战而屈人之兵善之善者也"难道不正在被中华人民共和国使用吗？比如她并未把台湾视作一个"敌人"，多年以来通过越来越紧密的经济关系，使台湾人的"独立"越来越不可能，这是一种如"熊猫爪子"般轻柔，又不引人注意的和平统一的做法。

由于"战略"或"大战略"(grand strategy)不适合中国传统军事思维中的极度"长时段"(Jullien, 1996: 101)的预测视野，因而我建议不用已有的西方术语来描述《孙子兵法》中的规划的艺术，而是用中文词语"谋略"。但"谋略"应该如何翻译以保持其本土性？由于中国谋略高于(拉丁文为supra)西方的战略，因此我选用"supraplanning"这个词作为"谋略"的英文翻译。

中国的谋略实践

1979年7月1日颁布的《中华人民共和国中外合资经营企业法》第5条规定：

> 合营企业各方可以现金、实物、工业产权等进行投资。外国合营者作为投资的技术和设备，必须确实是适合我国需要的先进技术和设备。如果有意以落后的技术和设备进行欺骗，造成损失的，应赔偿损失。

以谋略之眼光来看，你很快就会意识到在这一法规中，至少三十六计中的两个计谋都在其中，第十九条"釜底抽薪"和第三十条"反客为主"。中华人民共和国以合资的法律形式将先进的技术从西方企业中吸取出来的策略(釜底抽薪)，从而达到反客为主的目的，即从一个依靠外国技术的国家变成一个有自己技术的国家。从谋略的角度来说，即便是在阅读法律文本时也应该随时铭记于心，很可能有某些计谋隐藏其中。

理查德·尼克松在北京大学的一次演讲中说：

> 有这样一种说法，美国人思考几十年的事……但是中国人思考几个世纪的事。(英帆1988: p. 210 f.)

而阿尔·戈尔在他的《重塑美国力量的时代挑战》(2008年7月17日)的演讲报告中讲到：

> 十年是我们这个民族能建立并完成目标的最长期限。(Gore, 2008)

也就是说最主要的西方国家的战略规划水平最长也不过是10年。在中国则完全不同，邓小平在1992年的南巡过程中曾这样说过：

> 坚持党的基本路线，一百年不动摇。

在2012年11月14日《中国共产党章程》重申了这样的阐述(在以往的章程如2002年和2007年的章程中也有相关阐述)：

> 我国正处于并将长期处于这会主义初级阶段。这是在经济落后的中国建设社会主义现代化不可逾越的历史阶段，需要上百年的时间。

此外，在上述《中国共产党章程》中，均设定了两个百年目标(俗称百年大计)：

> 在新世纪新阶段，经济和社会发展的战略目标是，巩固和发展已经初步达到的小康水平，到建党一百年时(2021年)，建成惠及十几亿人口的更高水平的小康社会；到建国一百年时(2049年)，人均国内生产总值达到中等发国家水平，基本实现现代化。

这两个100年的目标已经被载入以前的章程中，如2002和2007年。正如20世纪80年代中早期，中共主席胡耀邦曾预测，为了富国强民，中华人民共和国将要在21世纪的头30至50年间努力奋斗(von Senger 1985b)。

中国的寓言故事"愚公移山"更加表明中国规划周期比美国的最长规划的周期还要长得多。

中国的政治谋略对西方商人来说也意味深长。这里我要讲的一点是中国直至2021年和2049年的长期规划。在这样长的时间周期里，中国需要与国外商业保持联系，不然它将不能突破"长期"的"社会主义初级阶段"的落后局面，这对于西方商人来说意味着一种高度的规划上的保障。另一方面，西方人不应该忽视"谋略"的第二个方面，而应熟知中国的智谋学。如果没有这些知识，他们是无法与中国商业伙伴的智谋相匹敌的。

纵使中文词汇再有本土性，也并不意味着一定要造许多新词。其实，发现恰当的西方词汇能成为翻译中文词汇的优秀"桥梁"。例如，中文"三十六计"中的"计"，就能很好的由"stratagem"来表达，这源于古希腊词汇"stratagema"，在现代西方英语中又有两个意义1)军事计谋2)普通意义上的计谋。(von Senger, 1991: 1 ff.)

创造一个新的西方词汇来翻译"谋略"有什么用呢？

首先，通过这个新词，希望普通的西方人能够知道中国有自己的词汇和概念。

- 以英语和德语为例，在面对复杂的世界它们有时太过于本土和狭窄。
- 以他们本土语言的词汇为基础，他们并不了解外国文化遗产中的所有的细微差别。
- "Supraplanning"这个新的词可能会对西方人产生一点点冲击，因为如果不向他们解释，他们就不知道这词意味着什么。这种冲击哪怕只是一点点，也就达到了我期望这个词所产生的效果。

《社科汉语研究》第 1 辑 *Chinese for Social Science* Vol.1

词汇

代际	dài jì	intergenerational
便捷	biànjié	convenient
套	tào	to fit something into a frame
扎根	zhágēn	rooted
诸如	zhūrú	such as
术语	shùyǔ	terminology
偏离	piānlí	deviate
凸显	tūxiǎn	highlight
维度	wéidù	dimension
产权	chǎnquán	property
眼皮	yǎnpí	the eyelids
赔偿	péicháng	compensation
铭记	míngjì	always remember
重塑	chóng sù	remodeling
南巡	nán xún	inspection tour of the South
阐述	chǎnshù	elaborate
章程	zhāngchéng	constitution
小康	xiǎokāng	fairly well-off
惠及	huìjí	to benefit
寓言	yùyán	fable
智谋	zhìmóu	resourcefulness
匹敌	pǐdí	rival
纵使	zòngshǐ	even though
釜底抽薪	fǔ dǐ chōu xīn	(take away the firewood from under the cauldron; drastic; a fundamental solution)
反客为主	fǎn kè wéi zhǔ	(turn from a guest into a host)
铭记于心	míng jì yú xīn	(keep in mind)
隐藏其中	yǐn cáng qí zhōng	(hidden among)
不可逾越	bù kě yú yuè	(insurmountable, impassable)
愚公移山	Yú gōng yí shān	(Foolish Old Man removed the mountains; the determination to win victory and the courage to surmount every difficulty)
孙子兵法	Sūnzǐ bīng fǎ	(Sun Tzu's Art of War; Sun Zi's Art of War)
三十六计	sān shí liù jì	(Thirty-Six Stratagems)

练习1 词语学习 - 将下列词语译成英文：

政策法规	代际之间	概念转换	据我所知
凸显出来	法律文本	相关阐述	设定目标

| 百年大计 | 初步达到 | 富国强民 | 努力奋斗 |
| 意味深长 | 商业伙伴 | 文化遗产 | 细微差别 |

练习2 讨论题

1) 你如何理解并翻译下列词语？他们有什么区别？
   计 战略 计谋 策略 战术 谋略
2) 谈谈你对'谋略'的理解，并试着选用生活、战争、商业、政策、法规等方面中的例子加以说明。

[参考资料]

2. 费孝通著作对西方社会科学家的启示[1]

韩格理 (Gary G. Hamilton)

摘要： 本文进一步详述了费孝通的核心著作《乡土中国》对中西方社会的对比。这种进一步对比表明它与对开发社会学的中西方社会理论有实质性作用。这项任务不仅使西方学者可以学习费孝通的分析方法，同时也可以澄清中国学者对费孝通关于中国社会的分析的误读，因为他们只注重于费孝通对中西方社会比较的中国那一半，从而无法了解他的著作的理论深度。本文对费孝通的对比加以概念化(conceptualizes)，以纠正韦伯对中国社会的错误分析。

关键词： 费孝通，马克斯·韦伯，统治/支配权，合法性，孝，差序格局，团体格局

　　费孝通是中国二十世纪最有影响力的社会科学家。那些致力于研究中国社会的学者认为费的著作为构建一门研究中国社会、以中国为中心的社会学学科做出了最重要的贡献之一。时值费孝通诞辰一百周年的纪念日，我以为我们应当反思为何费的著作在美国及欧洲地区的影响力不大之原因何在。或许答案显而易见：他的著作绝大多数由汉语著成且内容大部分都关乎中国社会，因此其观点未能在欧美地区广泛传播。这当然可算作部分的原因，但是以外语写作来描述异域的福柯、哈贝马斯或是布迪厄却能够在美国赢得大量忠诚的读者。如若深究，会得到更为复杂的原因，正如我即将在后文作出的诠释，我认为这与费的写作风格和作品内容有关，并且这二者作为屏障或多或少遮住了费孝通理论著述中具有开创性的方方面面。毫无疑问，费的著作是值得西方读者更为深入得去阅读与理解的，原因不仅在于费孝通对于中国社会之本质的深入洞见，更在于他对于中西方社会的理性类型的对比(ideal-typical contrast)为重新理解西方社会指明了一条路径。

　　本文意图对费孝通的核心著作《乡土中国》中提出的中西方社会之对比做出进一步的详实的阐释。在我和王政的译本中，我们把费的中西方之对比(差序格局和团体格局)译为是"组织性的关联模式(organizational mode of association)"和"差异性的关联模式(differential mode of association)"。我将进一步阐释其中区别以及它与中西方社会的社会学理论之间的关联。这项任务实属重要，原因不仅在于为西方学者分析费孝通著作提供帮助，也为那些误读了费孝通著作的中国学者提供新的视角，因为这些中国学者仅仅着眼于费孝通关于中西对比的中国这方面的知识，从而导致无法理解他的著作中理论的深刻性。

---

[1] 本文是为纪念费孝通教授诞辰100周年于2010年12月5日在伦敦政治经济学院举行的题为"理解中国，与中国人沟通"的国际大会而作。

[参考资料] 2. 费孝通著作对西方社会科学家的启示

背景

在我开始讨论之前，请允许我先简单地介绍费孝通《乡土中国》一书的背景情况。这本书写于二战结束后的数年间，曾在《世纪评论》刊物中按章节次序发表，这一刊物在当时深受学界人士欢迎，直至新中国成立的1949年。费的《乡土中国》及其姊妹作《乡土重建》的目的在于告知中国读者如下道理：中国社会所依赖的制度基础与西方社会大不相同，因此中国的改革者需要认识到这些差异并以此为鉴。

《乡土中国》一书看似简单，实则不然。该书篇幅短小，好像没有太强烈的学术性。其主题浅显，但是表述雅致。在读者尚无深入了解这本书的主旨时，他们是无法认识到费孝通对中西方社会的独到见解和深入洞察。大多数著名的欧洲社会科学家之所以能够在美国拥有广大的读者群是因为他们在著作中明确地呈现出理论的深度和广度，迫使读者通过艰难地游历其篇章作出答案。然而费孝通却有意地遮掩其智慧，谦虚谨慎地对待自己的学术造诣，渐渐地引领着读者跟随他的思路，似是行走于一条由一桩桩轶事铺成的中国社会之旅。以至于中国读者误以为书中并无真正的理论，只不过是一系列对中国乡土社会观察、或者中国传统社会抑或费孝通著述年代的中国社会运作的描述而已。读者从未真正明白费孝通所言为何意，我想这其中的"模凌两可"是费的有意而为之。他试图让那些受过良好教育又态度冷漠的城市读者认识到他们自己是彻头彻尾的中国人，有着明显的中国式思维和行为方式，因为他们也都是"来自乡土"。

费孝通使用的两个简单的类比

《乡土中国》是费孝通最理论化的著作，然而理论在书中却被巧妙地隐匿了起来，以至于大多数读者无法认识到费孝通为建立研究中国社会的社会学学科所作的贡献的意义。该书以之为基础的核心对比概念直到第四章才出现，在随后的章节里，费孝通通过不同的制度领域的研究来深入说明该对比。在简短精炼的章节里，费孝通覆盖了人际关系、亲属制度、性别关系、合法统治权、权力结构、社会和地域流动性以及日常生活的现象学。但是他的分析过于简短且没有传统学术著作的任何特征，以至于读者很难理解他的思想的理论化过程。也许，这是这种按章节分次出版致使所有的章节看似无所关连，而实际上并不然。

多数读者都能理解书中就中西方社会所做的两个类比：即将石头投入池塘的波纹和码放在田里一把把稻草堆分别代表中国和西方社会的比喻。书中的核心即中西方社会之对比就是围绕着上述两个类比一点点展开的。似乎一切读起来都那么浅显易懂，甚至无关紧要。然而，当我于1984年第一次阅读《乡土中国》时，恰好在研究一个问题：尝试着去理解并描述中国"孝"的理念与古罗马"家父权"(patria potestas)制度的差异。很多西方学者曾经用"孝"的理念与"家父权"制度这组对照概念来说明传统中国与罗马社会的相似之处。[2] 其中最著名的是马克斯·韦伯，这位被视为三大社会学之父之一的德国社会科学家。正如我在下文会进一步阐述的，韦伯将"孝"

---

[2] 见Hamilton(1984)与其他学者关于使用这两个概念分别对等于中国古代西方社会的讨论。

与罗马法中规定家户内至高无上的父权联系在一起,早前我便意识到韦伯在将这组对照同化的过程中犯了一个严肃的类型学上的失误(Hamilton, 1985),但是当我在阅读《乡土中国》时,我立即意识到可以从书中找到一种新的方式,一种来自中国的方式来表述二者的差异。我也知道没有人曾经翻译过这本书,我需要亲自去做这件事情,因为我从直觉上意识到费孝通研究的正是这个理论问题,同时也意识到他的贡献之重要性。

费孝通的两个类比的社会学意义

费孝通于1947年试图通过《乡土中国》这本书来告知中国读者:中西方社会差异较大,且这并非表面现象,而是深入骨髓直抵这两个社会最核心意义的范式(core meaning patterns),即德国社会学家称之为 *Weltanschauungen*,或英文的"a world view(世界观)"。费孝通自创了一个关于中国社会组织架构的种理想类型的概念"差序格局",来描述中国人的世界观。其含义在于,中国人通过不平等的,等级排列的二元社会关系将他们的社会范式化。费孝通用池塘里从内向外辐射的波纹作为类比来进一步解释"差序格局",距离石子的中心点越近,其影响越大于他们从撞击点越走越远的波纹。

波纹意指社会关系,每个人都是在他/她特定的社会关系网络的中心点。[3] 与你最亲近的关系即家庭成员:父亲、母亲、兄弟、姐妹。取决于各自的角色,每个人都有义务遵从地位高的人。每一对二元角色关系都是不同的,且意味着每个人服从的行为是有差异的。当从核心家庭关系向外扩展至邻居、同学、同乡、同事,这些角色也将带来不同的责任义务关系。对于居低位者来说,在亲近关系圈内,从原则上说,服从是规范也是义务;但在较远的关系圈内,从理论上说,有余地去选择是否服从。其结果形成一个以自我为中心的亲友关系网络,把每个人都连接在一个互为义务的网络中。费孝通认为,中国人生活在这社会世界中,这种世界观影响着他们的一生。

费孝通把与中国的"差序格局"相对的西方社会的世界观的称为"团体格局"。他认为西方社会更像是一个由一根根的稻草堆成的干草堆。每一根稻草是与他人不同且平等的。一根根稻草组成了一束束干草捆,干草捆聚堆成大的干草捆,所有的干草捆放在一起便成了干草堆。通过这个类比,费孝通意图说明西方社会中的个体是独立且平等的,他们从属于具有明晰界限的组织,个体通过组织可以在权利与义务上获得自我感。组织,如社团或办公室,这些小组织融入较大的组织,如城市或公司,这些较大的组织融入更大的单位,如州或省,如此下去直至一切无所不包单位,即费孝通所定义的民族国家。在每一个层次的组织中,个体的行为受到制约,权利与义务受到组织层次的限制,只要不侵犯其他人的权利和义务,他们有自由去做自己想做之事。

---

[3]. 在本次费孝通纪念大会的论文选集中,阎云翔(2004年)在他的文章的脚注之2,提到费孝通在这里使用了"他"。我们在翻译是加上了"他或她"。这个修改不带政治意义,纯粹是为了理论的严谨。意识是费本人于1947年用英文写作,他也会用"他",我相信这个"他"包括了男性和女性。

[参考资料] 2. 费孝通著作对西方社会科学家的启示

尽管他可以用其他的类比来对比中西方的世界观，费孝通选择这二者来阐述他的主旨并非偶然。事实上这种类比所描述的意象在中西方社会里非常普遍。我不会对它们的反复出现加以归类，但是我仅仅指出这些意象在各自社会里确实意味着什么，而费孝通试图去理解它们的真义。

水圈中的层层波纹在中国社会中是一个反复出现的意象，比如精雕细琢的一个套一个的象牙球。这种层层嵌套的雕琢方式有其哲学含义，它暗示了中国人的世界秩序观，最里最深的领域是家庭，最外侧的是天下，二者都在天之下。这种含义我们从早期中国的地图中可以更清晰的看出。图一是中国十五世纪的地图，中国的位置在图纸的正中心，其他国家围绕其外侧，有些距离远有些距离近。这是一张反映了中国人的世界观的对已知世界的描绘，能从中窥见"中国的朝贡体系"，一个圈在一个圈之内。这张地图绝对无法为你从一国到他国导航，但是你能通过这张地图去看各国之间的关系，如韩国距离天朝很近，其他国家便很远。

图一：十五世纪的中国地图，显示中国的朝贡关系

日常生活中的例子比比皆是。最近我与一位同事合作发表了一篇论文，题目叫做《圆桌》，文中我们探讨了台湾商人名副其实地利用圆桌的思想来组织他们的商业交易。多数台湾公司是家族企业。所有人即"老板"以及"老板娘"，他们组成了内核；向外一圈即"班底"，是公司的核心集团，由一小部分对老板忠心耿耿的雇员组成，班底也许会也许不会包括老板的儿子；再外一圈是其他一些雇员，他们的地位正如大家庭里的其他成员；在公司所组成的圈子之外，是与该公司合作的其他公司，即"卫星工厂"。一年四季，老板与老板娘与亲近雇员几乎每天围着圆桌吃午餐。有时在特殊场合，他们召集全体职工聚叙。到了年末，公司会举办一年一度的"尾牙宴"，圈子的结构是由一圈一圈围着的圆桌为宴会刻意安排的。尾牙宴中受邀的不仅仅是公司的班底和雇员，还包括承包商及其雇员们。宴会中的每个人的位置是综合考量其等级制度以及水平距离的，正如阎云翔

(2004年)在他的文章中注意到的,我在后面将继续讨论。

现在让我们看看费孝通使用的西方社会构成的意象:根根稻草成束再成捆,最后成了草堆。这种意象在西方社会是普遍存在的,从描绘各种现代组织的权力结构的简单图表中便显而易见。甚至在更早之前,早在这种描绘现代组织的方式流行之前,相同的组织意象也很普遍。图二便展示了这种意象的含意。这是一幅拉斐尔创作的壁画,简称"争议"(*Disputa*),是在梵蒂冈教皇私人书房里发现的。这幅画的创作与米开朗基罗的西斯廷教堂同期,都是在1509年。从这幅画中我们可以看出十六世纪早期基督教界的等级制度:上帝端坐在最顶端手握着地球,周围环绕着天主,上帝看着我们,统领世界;基督在第二层的最中间,两侧是圣母玛利亚和施洗者约翰,周围环绕着先知和不同学科的人;位于最底层的是教皇、皇帝、红衣主教和其他世俗权威。他们争论话题是圣礼的意义。

图二图2: 拉斐尔关于圣礼的纷争

在这幅壁画和那张描绘权力结构的线块图里,组织中的每一个人都屈从于处于最高的权威(或上帝),其权威超越了组织本身。[4] 图中掌握权威的人(或神)的位置从中心向外辐射,更重要的是,权力被疏导到一个外显的结构中去,因此,居低位者作为代理之权威凌驾于总体组织的某些方面上,并且每一个相对的下属都具有某些特定的权利与责任。这种权力线状结构赋予处于某单元内部的人以指令他人的合法权力(如权利),从而来完成单元(如块块)内的责任。

---

[4] 在西方语境中的壁画及其含义的进一步讨论,见Hamilton 2006: Chapter One。

[参考资料] 2. 费孝通著作对西方社会科学家的启示

重新概念化费孝通的两个类比

让我们用一种更社会学的方式重构这些意象。考虑到代表中西社会的这些意象，我们需要认识到费孝通为描绘中西世界观所做的不懈努力。好比阎云翔(2004年)指出的，许多研究费孝通思想的批评家往往误读了费孝通作品的深度和广度，把"差序格局"这一核心仅仅当做描述社会关系横向网络的概念。正如费孝通在《乡土中国》的第四章里清楚地阐述：差序格局和团体格局分别指是中、西方社会基本的秩序。

首先需要说明的是费孝通的这组中西对比是理想类型。在《乡土中国》英译本(Fei 1992)的序言里，我们讨论了费孝通方法论的逻辑，以及他是如何紧密地沿袭了马克斯·韦伯创建的理想类型的逻辑。费孝通在1986年《乡土中国》的再版前言里（第II-III页）指出：

> 我这种尝试，在具体现象中提炼出人事现象的概念，在英文中可以用ideal types这个名词来指称。Ideal type的适当翻译可以说是观念中的类型，属于理性知识的范畴。它并不是虚构，也不是理想，而是存在于具体事物中的普遍性质，是通过人们的认知过程而形成的概念。这个概念的形成既然是从具体事物里提炼出来的，那就得不断地在具体事物里去核实，逐步减少误差。

因此，清晰可见的是"差序格局"和"团体格局"并不是极端的对立概念。事实上，它们毫不相关，每一个都得自于对相应社会的分析，每一个概念都是为了分析更具体的情境而综合归纳出该社会的普遍特性，以便分析更具体的术语。这些概念是起点而非分析的最终成果，以及对于理想类型的检验看它是否有助于具体的分析。

其次，这两个理想类型建构于同一观点，每一个理想型代表着一个规范化的观点，即个体置于社会。在此，我要强调"规范化"。从自我在社会的观点出发，西方社会里的个体面临的是被当做理所当然的组织景观，正如水中鱼，除了水，个体感受不到其他。这种景观是规范化的，因为生活在组织的框架下，好像应该这样生活，它告诉个体他们应该如何去感受，他们是否在任何特定的时刻确切地以这种方式去生活或感受。

这种规范性框架是一种社会学景观，主要体现在如下四个方面：首先，当儿童渐渐成长，他们不断被社会化，逐渐认识到这种组织框架的真实性与合法性，并且学习如何去驾驭他们的社交世界；其次，纵观生命历程，每个人需要不断作出决定来掌控社交景观以从中获利。组织景观充满着"做什么"和"不做什么"的行为准则，所以每个人可以在脑海中描绘出一幅可以实现目标的人生图景；第三，该组织景观被社会中的每一个人认可，一直以来被用来诠释他人与自我的行为，他人之行为在何种程度上契合规范框架为我们评判他人提供依据；第四，也是最重要的一点，没有人能够完全达到社会标准框架下的要求。实际上，社会规则不断地与其他社会规则发生冲突。家庭规则与工作规则往往产生矛盾，甚至在家庭内部，对某一角色的服从可能与对另一角色的服从产生冲突。规范的社会图景充满了重叠与矛盾之处，因此每一个人都无数次的冲犯了他们社会中这样或那样的社会规则。此外，人人皆知，任何时候都完全遵守社会规则是一件不可能办到的事情，也因此在每一个社会中都产生了一种社会性的借口词汇，为那些在一个社会景观的某个位置中不能完成义务与责任的人提供解释。

费孝通的远见即在于他提出的理想类型在规范性层面展示了中西方社会里个体生存的差异。"差序格局"和"团体格局"都包括了等级秩序和横向的元素，但是两者的鲜明对比在于各自社会的秩序，这两种秩序是截然不同的。由于各自社会中的组织框架以不同的方式创造出他们各自的社会存在，因此中西方社会完全展示出两种不同的样态。

《乡土中国》一书中既有费孝通的理论陈述，也包含了他对中西社会本质与差异的洞见。由于种种原因，费孝通无法在后期著作中继续阐释这种对比，但是这并不意味着六十余年后社会学家的研究不去延伸费孝通所开启的理论。我认为扩伸费孝通思想、让其著作在西方更被了解的办法就是用他的理想类型来纠正马克斯·韦伯对中国的误读。

用费孝通的理论纠正韦伯对中国的分析

在二十世纪前二十年里，马克斯·韦伯的重大课题并贯穿于他所有的著作，主要是对西方社会在19世纪及20世纪初快速发展而其他地区却坚守传统的生活方式渐渐落后之原因提出科学的解释。最主要然而绝非唯一的原因便是利润导向的资本主义发展模式。为了解决这个历史性的问题，韦伯建立了一种由西方历史经验为中心创造的理想类型的方法。正如我在其他地方讨论的那样(Hamilton, 1984, 1989)，这种方法引导韦伯建立了以欧洲为中心的概念。印证韦伯以欧洲为中心的研究方法最为典型的例子便是他对于中国社会的分析。在《经济与社会》的早期版本以及在他最初把中国放在文明的比较分析框架中，韦伯认为中国社会的宗族制(patriarchalism)与古代地中海盆地的父权制属同一类型的社会现象。除此之外，从经验研究上看，韦伯相信中国的宗族制比古代西方的更为极端(1951:第243页)。他进一步争辩，西方的基督教(尤其是在宗教改革后)成为一种转型的力量，为社会带来变革的动力，与西方不同的是，中国社会无法挣脱"氏族的羁绊"(1951:第237页)，儒教和道教均无法摆脱父权(patriarchy)的桎梏从而无法为理性主义与资本主义铺垫一条转型的道路。

韦伯的核心论点即以"父权"(patria potestas)和"孝"这对概念为中心把古代地中海社会与中国社会的父权体制等同化。这些观点主要体现在这位罗马法律和古代地中海文化的专家所著的关于古罗马法律的论文以及后来的《古文明的农业社会学》(1976年)一书中。他深刻地思考了地中海盆地的权威模式并意识到宗法制和世袭制的各种组合(即宗法制度逻辑从家户向外延到政治、经济领域)是该地区权威的体现形式。然后，韦伯认为，父权主义在罗马社会的体现达到了极致：它被编纂成一部内容详实且以家父权为核心教条的法律。(1976, pp. 274-292)罗马法在法律的形式上承认了父权权威的三方面：作为一家之主对于继承者(即子嗣)的至高无上的权威；作为一家之主对于妻子与儿媳的至高无上的权威；作为一家之主对于家产包括奴隶在内的至高无上的权威。在罗马法中，作为信条的家父权使得家户成为独立于国家的管辖单位，并使得一家之主(即家长)成为这个管辖单位内独一无二的个体来合法的执行他的意志。

在韦伯生命中的最后十年，他对西方社会的分析增加了比较的维度，以便概括出一套独立的、与众不同的文明特征，从而为西方按照既有的方式继续发展提供合理性。韦伯最先采纳的比较的案例是中国，一种与韦伯擅长的欧洲相去甚远的文明。通过那些他能够接触得到的二次文献，韦伯很快就得出了如下结论：中国社会的"孝"(通常以为英文的filial piety)等同于古地中海文明的"家父权"(拉丁语*patria potestas*)之概念[5]。

> 在"家父权"制度下，一家之主拥有不可僭越至高无上之地位，直至生命尽头。这种制度的产生及发展有其经济、社会、政治以及宗教的根源(贵族家庭的延续，依据亲族与家户之关系而建立的军事联盟以及父亲同时具有扮演家庭牧师之角色的现象)。"家父权"制度在经济条件最为多变的时期存留了下来，直至最终在帝国下它的力量被削弱，甚至权力下移至子嗣。在中国，"孝"之道将家长的无上地位延续下来，通过"责任"之概念进而由国家和官僚地位的儒家伦理将其演绎到了极致，这也是政治驯化的部分原因所在。(Weber 1978:第377页)

韦伯数次在他的著作中提到"孝"与"家父权"这两个概念。每次都得出相同的结论："孝"不仅在立法原则上与古代西方的"家父权"等同，而且也在经验构造(empirical configuration)上也与之等同。问题是，这样的定性是不准确的。费孝通提出的两种理想类型可以帮助我们理解"家父权"与"孝"的逻辑结构，表明无论从类型学，还是经验构造的角度来看，这二者并非相同的概念，尽管二者在历史上有其关联性。

从一方面来看，"家父权"制度可被视作"立法原则"的象征，赋予人在各自管辖范围内践行活动的权力，这个原则即同于费孝通提出的"团体格局"之概念。从另一方面来看，"孝道"规定人在角色安排下所必须履行的义务与责任，这个原则即同于费孝通提出的"差序格局"之概念。前者强调的是权力而后者强调的则是人在某位置上的服从性。乍眼看上去，此二者似乎是同一枚硬币的正反两面，即一人的权力体现于他人之义务的履行。这显然是韦伯得出的结论。但是，通过费孝通的视角，我们可辨识出"孝"与"家父权"是完全不同的现象。

迈向合法的司法权统治的中西方体系的理论

在理论术语上，这两个概念在个人与位置的描述上均有不同。作为一个立法原则，"家父权"(*patria potestas* [拉丁] *paterfamilias* [英文])界定了权限范围，并把权力行使者(agent)界定为有权利使用个人权力的人[6]。作为一家之主的家长，有权将他的意愿强加在其他家庭成员身上。从种种对权威特

---

[5]. 这段话源自韦伯的《经济与社会》(1978)一书。他在《中国的宗教：儒教与道教》(1951年)一书中他也做出了类似的结论，比在这里的结论至少早五年。见施鲁赫特(Schluchter)著作(1989)关于韦伯的各种版本的研究。

[6]. 韦伯反复强调从传统权威传承下来的个人权力。就此议题，韦伯最精辟的分析在其关于"纯粹型"的传统权威的讨论中(1978，第227页)。这个讨论尤为重要，因为它奠定了韦伯的传统权威类型的理论基础。此中，韦伯对被他称为"双层空间"的传统权威进行了界定。一方面，这种传统权威将行为与某种"具体传统"结合起来，另一方面，将行为与"不受任何规定约束"的主宰者个人的特权结合起来。

征的描述来看，一家之长的个人权力得到绝对认同。从宗教术语上讲，正如韦伯和他人所注意到的，一个人凭借其超绝能力或达到更高真理层次，亦即居高临下的层面，而获得个人私权。在古代社会，家长扮演着祭司，其自身的神祇地位是可以传承的（韦伯称之为僧侣统治、神权政治或君主统治等），与众多的神祇一起辅佐帝国的统治，其神权也表现为不同的形式(Weber 1978: 1159)。这个意象的表述清晰地体现在拉斐尔的绘画里，如图2所示。

最初，父权的意象与父权的合法性融为一体，它贯穿于西方历史，甚至影响至今。在一篇颇有洞见的文章中，罗伯特·贝拉比较了基督教和儒教文化语境中的父子关系。他指出：在基督教文化中，父子关系的形象"首先从基督教上帝的观念衍生出来，随后整个象征性结构围绕此展开。在此意象中，权威来自上帝——"坚定不移的原动力"和万事万物变化的终极原因。这一意象不具有生物学的意义(Bellah, 1970, 第82页)。贝拉写道："基督教对政治和家庭权威的态度"是'基于权威派生性的前提的'，在此基础上构建的父子关系之观念，不是生物学意义上的，而是"父母与君王当受尊崇。"(1970, 第92页)。

伴随着该意象，权力被描画成一种积极的力量，是来自超人意志的力量，此超人行使其意志的权利和合法性来自更高的权威，比如上帝或自然法则或民众的意愿。贝拉说："在西方，从摩西启示开始，每一种社会关系的具体范式从原则上看均起源于终极性论……在西方，唯有上帝是最终行使权力者。"(1970, 第92页)在超神的感召下，民众，而不是其地位或角色，成为了西方意象的焦点。救赎、自由、理性和契约都成了人们借以行使意愿的概念。就像稻草堆里的稻草，处于组织机构内的每个人都可以使用相同的有关权利和义务的词汇来使其行为合法化。

统治(支配权domination)被看成是授权者的意志行为，那么，从逻辑上讲，需要在权限内合法行使个人权力，在权限之外就是非法的，因为这种权力会与他人的特权发生冲突。在西方，多数争夺权威的冲突事实上都是关于权限的冲突。比如，家长制在西方之所以衰落，并非因为家长们完全失去其权威，而是因为他们的权限范围缩小了，与其他合法权利拥有者相比，他们在权限范围内的权利减少了。在家庭以外，西方的统治者宣称其司法权限高于一切臣民，包括父权制下的家庭成员。在家庭之内，新教允许孩子和妻子要求他们自身的权利，可以违背世俗界家长的意志，以支持天界之父。'在上天关照我们的天父'赋予人们坚持有原则的违抗立场，这个立场能够持续地支持西方司法权的基础，即使该立场直接挑战了司法本身的界限。

作为合法角色中国权威

在用线条与方块的方式简明地标明权力结构的图示里，"父权制"象征拥有权力者所处的地位。与之相反，"孝"体现的是处于从属地位的人必须顺从地履行相应的义务。正如从中心处向外扩散的层层波纹（伦），"孝"限定了一系列二人互动关系以及在此关系中处于从属地位之人所需履行的义务角色[7]。儿子在与父母的关系中处于从属地位需履行相应的责任与义务，他本身的意愿与生活中的处境甚至是他父母的存殁都无法改变这一事实。履行角色所分配的义务不受环境的改变而改变，无人能逃脱履行义务的必要性，甚至是中国的皇帝，作为天子，从原则上来说，他需要履行这个角色所带来的相应的义务，这也包括他作为其父母、之子所应尽的责任。

《孝经》是一本诠释"孝道"的经典之作[8]。相传《孝经》著于汉代早期，是一本汇集了格言警句、共十八章、总计2000余字的小册子。汉字"孝"本意为敬顺父母，但是在《孝经》一书中，它的意义得到延伸与提升，"孝"意味着服从角色的普遍法则。万事万物，芸芸众生无一例外都有各自的角色去履行，否则，世界将毫无秩序。书中的第一章陈清了总前提："孝是美德的基础与文明的根基"，尽管"孝之概念源自于对父母的敬顺"，然而它延伸到涵盖世间万事万物。统治者作为天子，有其孝之道(第二章)；贵族阶层有其孝之道(第三章)；为官者有其孝之道(第四章)；直至平民百姓均有其孝之道(第六章)。

书中关于"孝道"的意象十分明确。世人有其各自的角色需要完成，世间万物也尽是如此。天与地要完成份内的责任，行于其间的世人亦应如此(第七章)。履行角色带来的相应义务是万物的秩序所在，只有各尽其职才能使世间免于灾祸(第十一章)。角色在本质上是二元的，每一对事物都可以找到低顺从于高的表达方式。居高位者通过完成他的义务建立一种良性示范进而支配居低位者。父亲亦需对他的父亲尽孝；皇帝上对天地尽忠下对父母尽孝，通过这种典范行为的建立来统治帝国。角色是事物之秩序的内在组成部分，不仅适用于人际关系也是世间其他事物相处之道。受制于角色既是规范的原则又是规定的义务，居低位者应当始终感受到这一原则并以之为然。这些原则与义务的存在与究竟是谁占据高位无关。

这里的关键之处在于孝的真意在于居低位者服从其自身的角色，而不是顺从居高位者的命令。这一点在《孝经》在第十五章中有清晰的阐述：

> 主人的弟子问："倘若儿子完全听命于父亲的指令毫无半点反叛，这是否可以称为孝？"主人答曰："何出此言？...... 若事关道德是非，儿子则需站出来警示其父，正如臣子在是非面前需明辨黑白，力谏君主以免其落得不仁不义之境地。总而言之，事关道德是非之事，需要有正义之力量辅而纠正。你如何能以为孝仅仅意味着完全遵命于父之令？"

在关于"孝"的讨论中，无论是在《孝经》一书中，或是任何其他中华文明的经典著作中，都看不到为个人权力提供合理依据的解释。事实上，相反的主题却屡见不鲜。人性是由角色的精心培育以及在履行角色的中发掘个人的特质造就的。这是儒家思想的本质主题。在西方"家父权"制度中，强调的是个人而非角色；而在中国"孝道"体系中，称道的是处于角色之中的个人。在"孝"体系中，人需要严格地否定自身的个人欲望、唯我独尊甚至个人的魔法和魅力(charisma)，这与西方社会强调的这种精神从而创立司法制度大相径庭。

---

[7]. 对于孝的详细讨论，请参阅Hamilton (1984年)以及Holzman (1998年)的优秀分析。
[8]. 在以下的段落中，我用的是Mary Lelia Makra 翻译的《孝经》 Xiaojing (1970).

"孝"体系与"家父权"制度最本质的区别体现在罗伯特•贝拉的比较研究中。贝拉认为，尽管直至现代社会，中西方的父权制与继嗣制看似相近，但中国社会中的父子关系意象与犹太教和基督教完全不同。"当儒家思想应用于政治与家庭权威领域，在儒家思想的象征系统里我违背父命可能是有道理的。"(Bellah 1970:84页)中国人没有"上帝，在天之父"的概念，没有超验层次，在那里可以发现一个更大的现实并使世俗的权力合法化。取而代之的是通过一种内在的理由为统治者提供合法支持。

中国人的宇宙观描绘了世间万物的内在本质：天、地、人是构成整体的三个完全不同的组成部分，每一部分都有其各自的本质与角色，自亘古以来共同维持着整体的稳定。李约瑟将中国人的宇宙观描述成"没有神指引的意志有序的和谐，犹如自发而有序的舞步……没有人受制于法律也没有人受到他人在后面的推搡，而是在一种自发的意志和谐中有序的协作。"(Needham 1956:287页)李约瑟还就此将中西方做了对比，他认为西方盛行的是"意志的相互冲撞"，即如"无数个台球之间的相互碰撞，一个球体的滚动源于另一个球体的碰撞"，这一切受制于上帝，那是不为所动的原动力(Needham 1956,第287页)。

在中国人的宇宙观中，原则上说，没有命令，只有顺从的存在。正如《易经》所言，"上帝无需给四季施令，然后四季交替从未改变；因此我们从未见到圣人给凡人施令，然后凡人却自发的遵从他的意愿"(Needham 1956:561-562页)。居高位者通过履行他们自己的义务使他们的特权合法化，即让居低位者向他们尽义务，如此便使整体的运转正常化、合理化。正如贝拉得出的结论：儒家思想里"这种低对高的顺从归根结底并非指向个人，而是指向具有永恒效力的人际关系模式。"(Bellah 1970: 84页)

一些支持这一理论的实证证据

"家父权"制度与"孝"体系分别代表合法统治的非常不同的原则，我将通过费孝通的评论来进一步说明这个观点：它们不仅在理论层面上有区别，在经验研究上也有区别。换句话说，如果理论正确且类比是有效的，那么需要通过经验研究检验二者之间的差异。为了表明他的理论的合理性化，费孝通从《乡土中国》的第五章开始，向我们阐述这些类比是如何应用于真实的生活中。类似于此，我在早期的著作(1980和1990年)中在中西方之间提供了三组经验研究上的对比。在每一组对比中，我选取西方父权制与继嗣制中的制度化领域作为研究对象与中国作对比。进而发现，中国与之对应的制度化领域通过"孝"来解释更好。

第一组从时间维度来对比分析西方"家父权"制度与中国的"孝"体系(1990:85-88)。韦伯与一些其他学者认为父权制是盛行于古代地中海盆地的合法的统治原则，随着时间的推进，该制度的影响力逐渐弱化。一个有意思的问题是，一家之主具有对妻子和孩子惩罚的权力，所依据的法律原则叫做"生杀权"(*ius vitae necisque*)，至于这项权利在多大程度上被行使还有待讨论。毫无疑问的是一家之主具备"生杀权"是受到承认的，直至罗马时代，该权利才被撤销，因为罗马统治者夺去了这些权利并否认非统治者具备这些权利(Thompson 2006年)。如果我们用生杀权作为衡量父权统治的权力，我们争辩一家之主/族长在古代的权威较之于后期更大[9]。更进一步说，我们可以将生杀权的废止看作是一场关于家族内部掌握生死大事之人选的权力斗争的结果。在公元四世纪晚期，罗马皇帝宣称他们具有高于一切的地位并具备生杀权。从那以后，一家之主的权力开始受制于皇族的世袭统治与封建贵族制度。到了早期现代，西方的父权制的影响力已经弱化到核心家庭内丈夫对妻、子的某些特定合法权力上。

在中国，父亲同样具有惩戒孩子甚至致死的权利，但是与西方相比，时间轴是倒过来的。根据瞿同祖的研究，从最早期至唐(公元618-906年)、宋(公元960-1279年)代，无论因何故杀妻弑子都是受严令禁止的(Qu, 1961, 第19页)。但在到了最后的两代王朝，即明(1368-1644)、清(1644-1911)两代，父母若因子女不忠不孝而杀之并不会遭受惩罚。在这明清两代，不忠不孝的行为在法典中被明确列出并且极大地加强了父亲对妻、子的权威。到了明代，从唐代沿袭下来的法典变得更为严苛，赋予了父母在地方司法场所请求判处子女甚至是死刑。瞿同祖认为"政府仅仅作为一个机构指定法律法规并确保一切都正常履行。"(Qu 1961:27页)

如何解释父亲与丈夫由于不忠不孝之原因惩罚妻、子的权力日渐增长这种现象呢？没有证据显示明、清两代的统治者弱小无力，因为事实却恰恰相反(如 Spence, 1975)。值得考虑的是，在中国漫长的历史进程中，"孝"道变得越来越合理化，主要的角色(即三纲五伦)越来越典型化且在明清两代里得到加强。

"孝"的合理化进程即发生在儒家思想重新解读与再加强的结合过程中，使其作为官方教条为中国的帝国统治提供合法依据。这一过程被称为"新儒学"，始于宋朝，持续到清代末期并产生了许多变体。新儒学将重点放在了三纲五伦上面，孝的新意变为一种美德稳定了整个帝国。在下面的两组对比中为这个解释提供了素材。

第二组对比着眼于家户的架构(1990:88-92)。"家父权"指的是一家之主对于家户方方面面之权威，包括奴隶。在地中海区域，拥有奴隶并且把他们当作家庭财产是很正常的现象。正如韦伯所说，古代的家户(oikos)，即延伸的父系领域，是该区域当时最基本的经济、政治单位(1976年)，好比正如亚里士多德在《政治学》一书中所描述过的。韦伯在地中海区域做了仔细的比较，认为家户是一个"强烈地受到传统束缚的统治结构…庄园和加入领主庄园得依赖关系，不能单方面解决"(Weber 1978:1012页)。家户房地产集中于一家之主掌管，赋予其权力来统治其财产以及依附者。在罗马法中，"家父权"制度的核心是家长控制以及维系家户的能力。尽管后期遭到削弱，这种权力在西方持续到近代，直到现代资本主义发展时期才结束。

然而在中国，家族资产，包括奴隶和依附于土地的农民，这在早期封建王朝中较为常见，至明清时期已不多见。尽管家父之于妻与子之上的权威在后期封建中国有所加强，这种权威并没有扩展到核心家庭成员之外。在中国奴隶制度自古代到唐朝很盛行；大农庄、雇佣依附于土地的农民在宋代很常见；但是到了明朝，亲子关系得到更为严格的定义，一家之主失去了将这种权力延伸到直系亲属圈外的能力。另外，农民变得更为自由，

---

[9] 正如《圣经》里亚伯拉罕和以撒的故事

那些缴纳佃租的有权在土地上耕种，从事于市场交易的人都独立于地主(Rowe 1985, Eastman 1988)。

显然，中国的家户架构与父亲是否具有惩戒子女的权利无关，这在西方是大不相同的。西欧的发展趋势所带来的一切预言不能简单地套用于中国。这种偏差意味着在中国，统治的本质与西方相比在更小的程度上个人化、任意化，而是更固定在角色的履行中的理性行为[10]。

第三组对比大概算是最具有说服力的(1989年)。既然统治的合法性原则在中国并不是基于某人在司法领域内的个人权力行使的能力，那么中西方的世袭统治的结构就有所不同。中国的世袭统治基于"孝"的理念与角色服从。简而言之，我们可以将西方国家(包括家产制国家)的组织情况概括为如下三点特征：首先，合法权力的最中心概念，是把权力集中在有权施加命令的人身上；其次，有一个自上而下的行政管理机构，建立起一条命令传递链，使得掌权者下达的命令能够在链条内自上而下得传递；第三，掌权者的命令仅在合法的司法管辖范围内有效力，一旦超出范围，命令无效。以上三点特征在很大程度上符合韦伯对统治这一概念的系统分析，正如他明确表述在《作为职业的政治》一文中(1946年)。此外，上述这些也与费孝通提出的"团体格局"概念吻合。

我曾经争辩中国帝国时代晚期的国家组织形态与西方国家大不相同，表现在三个方面。首先，中国的政治组织并非象行政机构那样运作的，而是依靠身份等级制度，即组织内部通过身份等级分配角色，这些角色相互独立并不受到明确的命令结构影响。[11]我们可以把这个组织想象成精雕细琢的象牙球，相互独立的球一个套着一个；也可以把它想象成中国式的嵌套盒，一个个小盒子层层嵌套，就像石子激起的层层波纹一样。中国式的身份序列包括一个核心的身份圈，被另外一个身份圈围绕环绕着，如此往复下去。那个象征性的中心圈由普通人构成，官员和其他政务人员处于中间圈，皇帝和皇族世家处于身份圈的最外侧，即围绕着整个中国。正如一句中国古谚语所说"天高皇帝远"，皇家离普通百姓非常遥远，它远在天边，这与"天子"一说相符，他在天朝里面下达天命。

处于不同身份圈的人们各司其职：普通人侍奉父母；官宦臣子上为皇帝分忧下为家族操劳；皇帝及皇族世家的任务则是顺应天意。不同身份圈的人之间有一条沟壑间隔彼此，随着时间的推进，来自不同阶层的人之间几乎没有正式的联系。圈际间的沟通往往由中间人来联络，这些中间人被归为"外人"或"贱民"，如太监、官衙的信使、奴隶或家仆，他们无法在身份体系里面找到自己对应的位置(Hamilton 1989年)。

在西方的政治组织里，领导者必须领导个体，个体的权力位置赋予其权利和义务，在其司法管辖范围内表达自己的意志的。但是在中国的政治

---

[10]. 奇怪的是，在西方的发展趋势也是个人化和武断变得越来越少，个体行为理性化更为固定了。不同的是，在西方，理性的合法性周围是法律，而不是角色。

[11]. 类似的组织秩序在西方的一个例子是大学。学生，教师，行政人员，形成个体的不同类别；不同的规章制度应用于不同的类别，伴随着不同类型的社会荣誉。在大学内，从理论上讲，没有统一的指挥，大学负责人没有权利直接到其他部门对个体发号施令。相反，作为一个系统的控制，学校强制为每个部门提供不同的规章制度，原则上说，每个部门是通过适当的监管机构而自治的。

组织里，保持等级制的主要方式不是通过命令，而是通过自我修养(其表率作用)和纠正他人不符合角色规范的行为方式。这个观念化融入了政府的词汇中，如"政治"这两个由"政"和"治"合并的词。"政"由两部分组成，左边为正确或恰当的行为,右边为跟随。"治"意思是治疗或治愈。"政治"提供了中国的统治的意象：权力跟随正确的行为，权力者为下属做榜样。

各司其职作为一种良政的意象渗透到中国的帝国时期的统治者的日常活动。比如，通常中国的皇帝不会颐指气使的施号命令，而是颁布皇家法令。汪德迈对中国的皇家法令做出了分类，他认为这些至高无上的指令"绝非是一部明确的制定法，而是最基本的自然法，从未为政府规范出一套正确的行为模型"(Léon Vandermeersch 1985: 13页)。他将西方的法律与中国的仪式秩序(ritual order)做了对比：

> 仪式秩序原则是以传统仪式为原型，即"理"，万物之原则或原因。只有遵循"理"，世界才能和谐有序。一旦这些仪式得到认可，社会变得和谐，每一个个体自发地做出利人利己的行为……人们被神圣仪式的权威引导去遵从于这些所谓"仪式"，尤其是社会等级秩序中的居高位者。这也解释了为什么最重要的法令都关乎那些仪式盛典以及那些地位尊荣的人……。中国人将从不干涉居低位者的管理者作为典范，管理者的行为本能地受制于与社会秩序相契合的德性。

中西社会合法统治的上述三项"测试"为后续的研究做了一个铺垫，费孝通对中西方社会的比较的经验研究也为后续的研究打下了基础。然而，这两套比较研究都指出：尽管在跨文明的比较研究会有很多困难，但是中西方的合法统治原则存在实质的差异。进一步说，这些差异表明了一个事实，不同社会中的合法统治原则型塑了不同的制度领域的活动的组织方式。

结语

尽管篇幅有限，但是足够的经验证据显示出中西方社会的合法统治原则的不同并且体现了不同的经验架构。如果接受本文的论点，且两者的差异有足够经验证据支持，我们便不能够将中西方社会的政治与社会体制等同，一些社会科学家经常犯这个错误。我们应该充分认识到费孝通最初的洞见，并且将它视为合法权威形象的文明的意象。它对社会活动的常规组织有直接、持续的影响。直至今日，对费孝通的洞见所做的后续分析还远远不够，仍需更进一步的提炼和测试。只有到那时，我们才能问出那些亟需解答的问题：经历了大半个世纪巨变后的中国在何种程度上依然受到差序格局的影响？同样我们也可以向西方社会提出同样的问题：经历了改革巨变的西方社会是否还存在着古代父权制度的意象，如果存在，以何种形式？韦伯对西方社会的分析以及费孝通对中国社会的分析的影响将会持续到我们所处的这个时代，这是否是一个合理的假设？我们是否可以假设韦伯所描述的"合法的理性的统治"代表西方父权统治的剧烈转变，这种转变为人类提供了平等的路径去接近神圣法律和上帝？又或者，我们不去假设在经历了现代化的劫掠后，中国的"孝"制度仍有其现代表现？这些重要的问题的提出以及答案将有益于我们深入了解我们所处的时代。

费孝通的分析能够让全世界的社会科学家在不受欧洲中心偏见的影响下使用这些概念。不像数学，如果在社会科学研究中使用简约分析法会导致谬误的产生。即使是在同一所属的文明区域，那些看似相似的的制度都不尽相同。粗心地使用概念会扭曲我们对活动的世界加以研究的对象；当所谓正确的方法论蒙着伪科学的面具将概念变得晦涩难懂，社会科学家也就无法以一种严谨的态度去理解社会。在《乡土中国》一书中，费孝通找寻的是能够在方法论上符合中国国情的概念，并且在《乡土重建》一书中告诫学者：套用西方概念来分析中国社会将带来有害的影响。当代的学者对这个警告仍需虚心聆听并加以关注。

参考书目

Bellah, Robert. 1970. *Beyond Belief*. New York: Harper and Row.
Chan, Alan K.L. and Tan, Sor-Hoon Eds. 2004. *Filial Piety in Chinese Thought and History*. Singapore: Routledge, Curzon.
Eastman, Lloyd E. 1988. *Family, Field, and Ancestors: Constancy and Change in China's Social and Economic History, 1550-1949*. Oxford: Oxford University Press.
费孝通:《乡土中国》，北京：三联书店，1985年重印[(Fei, Xiaotong. 1985[1947]. *Xiangtu Zhongguo* (in Chinese), Beijing: SDX Joint Publishing Company)].
— 1992. *From the Soil: The Foundations of Chinese Society*. Translation of Fei Xiaotong's *Xiangtu Zhongguo* with an introduction and epilogue by Gary Hamilton and Wang Zheng, Berkeley: University of California Press.
Hamilton, Gary. 1984. 'Patriarchalism in Imperial China and Western Europe: A Revision of Weber's Sociology of Domination', *Theory and Society* 13 (May): 393-426.
— 1989. 'Heaven is High and the Emperor is Far Away', *Revue europeenne des sciences sociales* 27: 141-167.
— 1990. 'Patriarchy, Patrimonialism and Filial Piety: A Comparison of China and Western Europe', *British Journal of Sociology* 41 (March): 77-104.
— 2006. *Commerce and Capitalism in Chinese Societies*. London: Routledge.
Hamilton, Gary and Kao Cheng-shu. 2009. 'The Round Table: A Reconsideration of Chinese Business Networks.' In E. Sinn, Wong Siu-lun, Chan Wing-hoi. Eds. *Rethinking Hong Kong; New Paradigms, New Perspectives*. Hong Kong: Centre of Asian Studies, The University of Hong Kong.
Holzman, Donald. 1998. 'The Place of Filial Piety in Ancient China', *Journal of the American Oriental Society* 118, 2 (April-June): 185-199.
Ikels, Charlotte. Ed. 2004. *Filial Piety: Practice and Discourse in Contemporary East Asia*. Stanford: Stanford University Press.
Makra, Mary L. (Trans.). 1970. *Xiaojing*. New York: St. John's University Press.
Needham, Joseph. 1956. *Science and Civilization in China*. Vol. 2. Cambridge: Cambridge University Press.
Qu Tongzu (Ch'u T'ung-tsu). 1961. *Law and Society in Traditional China*. Paris: Monton.
Rowe, William T. 1985. 'Approaches to Modern Chinese Social History', in Olivier Zunz. Ed. *Reliving the Past: The Worlds of Social History*, pp. 236-296. Chapel Hill: University of North Carolina Press.
Schluchter, Wolfgang. 1989. *Rationalism, Religion and Domination. A Weberian Perspective*. Berkeley: University of California Press.
Spence, Jonathan D. 1975. *Emperor of China: Self Portrait of K'ang-Hsi*. New York: Vintage Books.
Swidler, Ann. 1986. 'Culture in Action: Symbols and Strategies', *American Sociological Review* 51 (April):273-286.

Thompson, Steven. 2006. 'Was Ancient Rome a Dead Wives Society? What Did the Roman Paterfamilias Get Away With?' *Journal of Family History* 31, 3 (January):3-27.
Turner, Karen. 1993. 'War, Punishment, and the Law of Nature in Early Chinese Concepts of the State'. *Harvard Journal of Asiatic Studies* 53, 2 (December), 284-324.
Turner, Karen, Feinerman, James V., Guy, R. Kent. 2000. *The Limits of the Rule of Law in China*. Seattle: University of Washington Press.
Vandermeersch, Léon. 1985. 'An Enquiry into the Chinese Conception of the Law', in Stuart R. Schram. Ed. *The Scope of State Power in China*. Hong Kong: The Chinese University of Hong Kong Press.
Weber, Max. 1976[1909]. *The Agrarian Sociology of Ancient Civilizations*. Trans. R.I. Frank. London: Verso.
— 1951[1920]. *The Religion of China*. Trans. and ed. H. Gerth. Glencoe, Ill.: Free Press.
— 1978[1921-22]. *Economy and Society*. Trans. and ed. G. Roth and C. Wittich. 3 vols. Berkeley: University of California Press.
— 1946. *From Max Weber: Essays in Sociology*. Trans, ed., and with an introduction by H.H. Gerth and C. Wright Mills. New York: Oxford University Press.
— 1958[1904-5]. *The Protestant Ethic and the Spirit of Capitalism*. Trans. T. Parsons. New York: Charles Scribner's Sons.
阎云翔：《网络社会的道德等级和社会利己主义：重读费孝通〈差序格局〉一文》，见王斯福、常向群和周大鸣主编《中国社会科学全球化—费孝通诞辰105周年纪念文集》第2卷，北京：新世界出版社；伦敦：全球中国出版社，2016年版。
Yan, Yunxiang. 'Moral Hierarchy and Social Egoism in a Networked Society: The Chaxugeju Thesis Revisited', in Feuchtwang, S; Chang, X. and Zhou, D. Eds. *Globalization of Chinese Social Science – Commemorate the 105th Anniversary of Professor Fei Xiaotong's Birth Vol.2*, published jointly published by Global China Press (London) and New World Press (Beijing), 2016.

[中级阅读]

水圈和干草
Ripples and straws

宣力(Lik Suen)编[1]

  费孝通是二十世纪中国最有影响力的社会科学家。他只发表了几部英语著作,他的晚年绝大部分关于中国社会的著作都是用中文出版的,因此,他的思想在西方社会科学界没有什么影响。近年来,他的研究越来越受到西方汉学家和社会科学家的关注,甚至认为他的研究为西方理解中国指明了一条道路。

  费孝通最有名的著作是《乡土中国》,写于1947年。在这本书中他对中西方社会做了对比,认为中西方社会差异巨大,而差异的核心是"世界观"的不同。费孝通说中国的社会关系是水圈,而西方的社会关系是干草。水圈是说,从社会关系上来看,每个人都在他特定的社会关系网络的中心。最亲近的关系是家庭,包括父亲、母亲、兄弟和姐妹。基于各自的角色,每个人都有义务遵从地位高的人。每一对关系都是不同的,而且每个人服从的行为也是有差异的。当家庭关系向外扩展到邻居、同学、工作中的同事时,就会产生新的关系。在亲近关系圈内,服从是必须的;但在较远的关系圈内,有余地去选择是否服从。从自我出发,建立一个亲友关系网络,在这个网络中,每个人都是关联的,彼此之间存在责任和义务。费孝通认为这就是中国人世界观,并影响着他们的一生。费孝通认为西方社会像是一个由稻草堆成的干草堆。每一根稻草是独立且平等的。一根根稻草组成了一束束干草,然后形成干草捆,最后,所有的干草捆放在一起便成了干草堆。费孝通通过这个比喻,说明西方社会中的个体是独立平等的,他们属于一个组织,通过组织,个体可以获得权利与义务。

标签:社科汉语   级别:中级   字数:600

生词

费孝通	Fèi Xiàotōng	Chinese sociologist and anthropologist
世纪	shìjì	century
影响力	yǐngxiǎnglì	influence
内容	nèiróng	content
指明	zhǐmíng	show clearly, point out, demonstrate
差异	chāyì	difference, diversity
巨大	jùdà	huge, enormous, gigantic
核心	héxīn	nucleus, core, key

---

[1] 本文是作者根据发表在本刊的韩格理 (Gary G. Hamilton) 的原作:《费孝通著作对西方社会科学家的启示》一文,节选、改编并改写为社科汉语的中级读物。

[中级阅读] 水圈和干草 Ripples and straws

水圈	shuǐquān	hydrosphere
干草	gāncǎo	hay; dried millet stalks
特定	tèdìng	specified
网络	wǎng luò	networks
亲近	qīnjìn	be intimate with, be friends with
基于	jīyú	in view of, because of
各自	gèzì	each one; respective
角色	juésè	role, part (in a play, etc)
义务	yìwù	duty, obligation
遵从	zūncóng	comply with, follow
服从	fúcóng	obey, follow, submit to
扩展	kuòzhǎn	expand, extend, spread, develop
邻居	línjū	neighbour
有余地	yǒuyúdì	(have) flexibility
是否	shìfǒu	whether or not; is it (or not)
自我	zìwǒ	oneself; self-
关联	guānlián	be related, be connected
彼此	bǐcǐ	each other
责任	zérèn	responsibility, duty; accountability
稻草	dàocǎo	rice straw
独立	dúlì	independent
平等	píngděng	equal; equality
束	shù	tie, bind, bundle
干草捆	gāncǎokǔn	bale of hay
比喻	bǐyù	draw an analogy; analogy, metaphor
属于	shǔyú	belong to
权利	quánlì	right

短语

乡土中国	xiāng tǔ zhōng guó (rural China; *From the Soil*)
社会关系	shehui guanxi (social relationships)

思考题

1. 请简单介绍一下费孝通。
2. 如何理解中国人的社会关系是"水圈"?
3. 费孝通认为西方社会关系像干草堆,你同意这种比喻吗?

详细阅读

请参考本期韩格理原文:《费孝通著作对西方社会科学家的启示》

[高级阅读]

中国地图与拉斐尔壁画
A Chinese map and a Raphael fresco

宋连谊 (Lianyi Song) 编[1]

　　费孝通是中国二十世纪最有影响力的社会科学家。那些致力于研究中国社会的学者认为费孝通的著作为构建一门研究中国社会、以中国为中心的社会学学科做出了非常重要的贡献。

　　费孝通于1947年试图通过《乡土中国》这本书来告知中国读者：中西方社会差异较大，且这并非表面现象，而是深入这两个社会最核心意义的范式或世界观。费孝通自创了一个关于中国社会组织架构的理想类型的概念，即"差序格局"，来描述中国人的世界观。费孝通用池塘里从内向外辐射的波纹作为类比来进一步解释"差序格局"，距离中心点越近，其影响越大于从中心点越走越远的波纹。

　　波纹意指社会关系，每个人都是在他/她特定的社会关系网络的中心点。与你最亲近的关系即家庭成员：父亲、母亲、兄弟、姐妹。依据各自的角色，每个人都有义务遵从地位更高的人。当从核心家庭关系向外扩展至邻居、同学、同乡、同事，这些角色也将带来不同的责任义务关系。费孝通认为，中国人生活在这社会世界中，这种世界观影响着他们的一生。

　　费孝通把与中国的"差序格局"相对的西方社会的世界观的称为"团体格局"。他认为西方社会更像是一个由一根根的稻草堆成的干草堆。每一根稻草是与他人不同且平等的。一根根稻草组成了一束束干草捆，干草捆聚堆成大的干草捆，所有的干草捆放在一起便成了干草堆。通过这个类比，费孝通意图说明西方社会中的个体是独立且平等的，他们从属于具有清晰界限的组织，个体通过组织可以在权利与义务上获得自我感。在每一个层次的组织中，个体的行为受到制约，权利与义务受到组织层次的限制，只要不侵犯其他人的权利和义务，他们有自由去做自己想做之事。

　　事实上这种类比所描述的意象在中西方社会里非常普遍。

　　水圈中的层层波纹在中国社会中是一个反复出现的意象，比如精雕细琢的一个套一个的象牙球。这种层层嵌套的雕琢方式有其哲学含义，它暗示了中国人的世界秩序观，最里最深的领域是家庭，最外侧的是天下，二者都在天之下。这种含义我们从早期中国的地图中可以更清晰的看出。图一是中国十五世纪的地图，中国的位置在图纸的正中心，其他国家围绕其外侧，有些距离远，有些距离近。这是一张反映了中国人的世界观的对已知世界的描绘，能从中窥见"中国的朝贡体系"，一个圈在一个圈之内。这张地图绝对无法为你从一国到他国导航，但是你能通过这张地图去看各国之间的关系，如韩国距离天朝很近，其他国家便很远。

---

[1]. 本文是作者根据发表在本刊的韩格理（Gary G. Hamilton）的原作：《费孝通著作对西方社会科学家的启示》一文，节选、改编并改写为社科汉语的高级读物。

44

[高级阅读] 中国地图与拉斐尔壁画 A Chinese map and a Raphael fresco

图一：十五世纪的中国地图，显示中国的朝贡关系

现在让我们看看费孝通使用的西方社会构成的意象：根根稻草成束再成捆，最后成了草堆。这种意象在西方社会是普遍存在的，从描绘各种现代组织的权力结构的简单图表中便显而易见。甚至在更早之前，早在这种描绘现代组织的方式流行之前，相同的组织意象也很普遍。图二便展示了这种意象的含意。这是一幅拉斐尔创作的壁画，简称"争议"(Disputa)，是在梵蒂冈教皇私人书房里发现的。从这幅画中我们可以看出十六世纪早期基督教界的等级制度：上帝端坐在最顶端手握着地球，周围环绕着天主，上帝看着我们，统领世界；基督在第二层的最中间，两侧是圣母玛利亚和施洗者约翰，周围环绕着先知和不同学科的人；位于最底层的是教皇、皇帝、红衣主教和其他世俗权威。他们争论话题是圣礼的意义。

图二：拉斐尔关于圣礼的纷争

在这幅壁画和那张描绘权力结构的图里,组织中的每一个人都屈从于处于最高的权威(或上帝),其权威超越了组织本身。图中掌握权威的人(或神)的位置从中心向外辐射,更重要的是,权力被疏导到一个外显的结构中去。

费孝通提出的两种典型的社会模式展示了中西方社会里个体生存的差异。"差序格局"和"团体格局"都包括了等级的和横向的元素,但是两者的鲜明对比在于各自社会的秩序,这两种秩序是截然不同的。由于各自社会中的组织框架以不同的方式创造出他们各自的社会存在,因此中西方社会完全展示出两种不同的状态。

建议和扩展阅读

1. 中级社科汉语读物《水圈和干草》(Ripples and straws)
2. 韩格理 (Gary G. Hamilton) "费孝通著作对西方社会科学家的启示"原文

词组和成语

壁画	bìhuà	mural; wall painting
致力	zhìlì	to be devoted to
构建	gòujiàn	build; construction
贡献	gòngxiàn	contribution
试图	shìtú	to try, to attempt
差异	chāyì	difference
核心	héxīn	core
范式	fànshì	paradigm
架构	jiàgòu	framework
波纹	bōwén	ripple
意指	yì zhǐ	means
依据	yījù	basis
义务	yìwù	obligation
遵从	zūncóng	compliance
稻草	dàocǎo	straw
捆	kǔn	bundle
聚	jù	gather
堆	duī	heap
清晰	qīngxī	clear
制约	zhìyuē	restrict; control
侵犯	qīnfàn	invasion, violation
意象	yìxiàng	image, imagery
反复	fǎnfù	repeatedly
象牙	xiàngyá	ivory
嵌套	qiàn tào	nested
雕琢	diāozhuó	carve

[高级阅读] 中国地图与拉斐尔壁画 A Chinese map and a Raphael fresco

领域	lǐngyù	area, field
外侧	wàicè	outside
含义	hányì	meaning
图纸	túzhǐ	drawing
围绕	wéirào	around; to surround
窥见	kuījiàn	peek; a glimpse of
朝贡	cháogòng	tribute; pay tribute
绝对	juéduì	absolutely
导航	dǎohán	navigation
天朝	tiāncháo	the Imperial China
展示	zhǎnshì	to show, to reveal
梵蒂冈	fàndìgāng	the Vatican
教皇	jiàohuáng	pope
上帝	shàngdì	God
端坐	duān zuò	sit up straight
顶端	dǐngduān	top (end)
握	wò	grip, hold
环绕	huánrào	surround
天主	tiānzhǔ	God
统领	tǒnglǐng	guide; command
基督	jīdū	Christ
施洗	shī xǐ	baptist
约翰	yuēhàn	John
主教	zhǔjiào	bishop
世俗	shìsú	secular
圣礼	shèng lǐ	sacraments
屈从	qūcóng	succumb to
辐射	fúshè	radiation
外显	wài xiǎn	explicit
秩序	zhìxù	order
框架	kuàngjià	frame
拉斐尔	Lāfěi'ěr	Raphael
圣母玛利亚	shèngwǔ Mǎlìyà	Virgin Mary
差序格局	differential mode of association	
团体格局	organizational mode of association	
精雕细琢	with the care and precision of a sculptor	
显而易见	obviously	
截然不同	completely different	

《社科汉语研究》第 1 辑 *Chinese for Social Science* Vol.1

练习

1. 词语学习 (宗教词语)

教皇　上帝　天主　基督　施洗　主教
世俗　圣礼　圣母　圣母玛利亚　梵蒂冈

2. 用3-5句话 (口语或书面) 描述课文中的两幅插图
(图1: 十五世纪的中国地图, 图2: 拉斐尔关于圣礼的纷争)

3. 讨论或作文

1). 请你介绍一下费孝通对中西方社会典型模式的两个比喻　(即水圈和草垛)。
2). 你是否能用其他的比喻来描述中西方社会典型模式?
3). 韩格理 (Gary G. Hamilton) 在他的文章中例举了一些例子来说明费孝通的两个比喻。你是否能举出一些例子来说明这两个比喻?

[参考资料]

3. 中国与印度
从人类学的视角来看文化的边陲[1]

中根千枝 (Chie Nakane)

提要: 中国与印度代表两种古老的文明,这两个国家在一般人印象中完全不同。根据在两国生活和研究的体验,作者发现两国之间存在着显著的共性,这些共性源自两国的地理幅员和悠久历史。西藏地区位于中国和印度之间,作者观察到汉人和印度人在与藏人交往时显示出不同的态度,这与中国和印度两种文明的特征和两个社会的不同性质有关。文章最后就汉人、藏人和日本人对源自印度的佛教采取的不同的接受方式,探讨了各自社会文化传统的特征。

关键词: 文化边陲、汉化、梵化、佛教

  能够被北京大学邀请作为首届纪念费孝通先生的学术系列讲座的主讲人,我感到非常荣幸。在这个演讲中,我不打算就中国和印度做全面的比较。我想要在这里讨论的主要是与自己在这两个国家的人类学的经历有关。我特长的研究领域一直都在西藏,我曾经分别从中国内地和印度一侧的喜马拉雅地区出发进入藏区,并曾经在这两个国家都住过几年。当我在1953年第一次去印度加尔各答的时候,对我来说,这里的每一件事都具有异国情调。但是,令人惊奇的是,我很快地感受到一种与我从前在中国北京经历过的相似氛围。这种熟悉的氛围使我容易和轻松地开始了在印度的生活,后来我才逐渐意识到,这种感觉肯定来自一种只有在一个幅员辽阔并具有悠久历史的大陆社会才会产生的社会氛围。虽然中国和印度通常给人们留下的印象是两个完全不同的社会,但事实上它们也显示出一些显著的共性。

  首先我将通过列举在两个社会当中都存在的较为显著的一些方面来展开我的演讲,如社会地理设置、"汉化"和"梵化"的影响,以及中印两个社会构造的对比。最后我想讨论一下中国、西藏、和日本三地在接受佛教时的不同态度。

---

[1] 本文为中根千枝先生在2006年12月16日北京大学"首届费孝通纪念讲座"作为主讲人所做的主题讲演(原文为英文),由北京大学社会学系马戎教授译成中文,并发表在并发表在《北京大学学报(哲学与社会科学版)》2007年第2期第143-147页。感谢作者赐英文原稿并首次在《中国比较研究》(JCCP)上发表。此中文稿是由刘念根据英文原文翻译(大量地参考了马戎的译本)。刘念曾经是中山大学人类学硕士,现在中山大学图书馆工作。全中国比较研究会助理研究、编辑及翻译,英国艾塞克斯大学社会学系博士候选人曾育勤(Yu-Chin Tseng)女士,对中英文稿作了核对与编校,并整理了英、汉、日三语的参考书目,余小菠校对。

社会-地理设置中的共同特点

首先,中国和印度这两个社会的各区域间在语言、区域文化特征上都显示出巨大差异,它们与当代行政单元大致吻合:中国有23个省,印度有25个邦,此外还都各有一些特殊的行政区(如自治区或直辖市)。这两个社会也都可以被粗略地区分为北方和南方两个部分(如中国的"北方人"、"南方人";"北印度人"、"南印度人")。这些分类也对应于各自地区居民的饮食与生活习惯,如北方人以小麦为主食,而在南方则是大米。

其次,两个社会都包含有许多少数民族群体和较大数量的穆斯林人口。中国有56个少数民族,印度大致有400个(不是精确的统计数据)。在印度,这些少数群体被称为"部族",其中大多数是人口不多的小群体,平均人口规模约在30万人上下。他们大多居住在边远的山区和印度村落外围的贫瘠平原上。他们也散居在许多地区,包括几乎所有的邦,主要集聚在印度东北部的边境地区,包括阿萨姆邦。这些山地部落居住的地区从东北部连接到缅甸的北部,延伸到泰国,上接中国的云南,在这一狭长的地区形成了一个山地部落的分布带。尽管这些部落被划分为许多小族群,他们所居住的自然环境和生存条件基本上相似。所以,从印度的阿萨姆邦到中国云南,其族群之间的联系清晰可见。

在中国,除了这些南方的山地群体,还有几个主要的少数民族群体,他们不仅人口规模要大得多,曾发挥过重要的作用,比如曾经在历史上的一些时期统治过中国。因此可以理解,为什么中国的少数群体的研究工作,主要是由历史导向的民族学家们来展开。这些研究的最佳范例是费孝通教授著名的"中国民族多元一体格局"论。他的研究主要着重在这些民族的历史情况,这对于理解少数民族至关重要。在印度,对少数群体的研究工作主要由体质人类学家和社会人类学家来进行。由于学者们的研究领域和专题的不同,所采用的学术研究方法也各异。

就穆斯林族群而言,其回族穆斯林人口占中国总人口的0.7%[2],占印度总人口的1.7%。印度的穆斯林人口甚至超过了巴基斯坦的总人口。在印度,穆斯林人和印度斯坦人(Hindus)一起构成了印度总人口的93%,而在中国,回族仅是许多个少数民族之一。印度穆斯林的优势地位是与莫卧儿帝国的影响有关,在英国人统治之前统治印度之前,莫卧儿帝国统治了印度长达300多年(公元1526-1540年,1555-1858年),与清朝统治中国的时间(公元1636-1911年)有可比性。

现在,穆斯林人口在这两个国家的地理分布相当类似,他们散布在各个地区,而且也都聚居在各自国家的西北地区:如中国的甘肃[3]和印度克什米尔。我们还发现他们都聚居在主要民族和其他民族(如藏族)的交界地区。费孝通教授曾经称之为中国的西北的"伊斯兰走廊",在印度的西北部地区也存在着完全相同的情形。因此,无论何时进入西藏,我都必须经过中国或印度的穆斯林居住区。

---

[2] 中国10个穆斯林民族的人口为中国总人口的1.6%,见马戎中译稿(2007年)。

[3] 马戎的译本中加了宁夏,同上。

[参考资料] 3. 中国与印度：从人类学的视角来看文化的边陲

"汉化"与"梵化"的影响

鉴于两个在亚洲大陆地区上的幅员辽阔的社会构成的巨大差异，统一和整合他们的主要因素必须从汉文(Han-wen)和梵文的作用来考虑。这两种语言在古代都得到了充分的发展，而且这两种语言和相应文化的承载者和传播者都是这两个国家上层社会中的那些有教养的人。但是，经过了漫长的历史发展之后，由这两种文化所包含的基本观念已经逐步渗透到了社会的普通民众当中。汉文的文化特色体现在政治思想的伦理之中，而梵文所揭示出的哲学与宗教思想反映在社会制度中。两者都对社会秩序和共同价值的创立和发展做出了有效的贡献。"汉化"随着由中原政权设计的政治体制的行政力量来推动的接受了汉化并进入到这一政治体制的人们，就成为了中国社会的组成部分。"梵化"产生于基于印度价值的一种社会秩序，体现在印度的种姓制度上。凡是居住于邻近印度地区的人发展出类似的社会秩序则会逐渐成为印度社会的成员。在这一过程中，不是个体，而群体方可成为印度社会的组成部分，成为印度人。于是，"汉化"和"梵化"就分别在中国和印度产生了与世界上其他国家都不同的社会。这两个社会没有像当代民族-国家那样的明确的边界，他们的边界一般来说是模糊的。

我再举一些边境地区族群交往的例子。我们观察到一些十分有趣的现象，即在边境地带汉人与藏人有密切接触。这些汉藏交往导致了一些族际通婚，通常是汉人男子与藏人女子都生活在藏区，而几乎没见到藏族妻子生活在汉人地区。那些生活在藏区的汉人家庭，几代后基本上都被藏化了，根本看不出他们是藏人还是汉人。我发现，那些地区的汉人具有令人惊奇的能力克服他们与非汉民族之间的差异。另一方面，在这些地区，作为当地社区或寺庙首领的藏人一般都会说流利的汉语，通晓汉文，而且通常在他们的藏族名字之外还有汉人姓名。一眼看过去，很难辨出他们是汉人还是藏人，但是他们的藏族认同还是更强。

在印度这一侧印藏相邻的地区，情况则很不相同。几乎没有印度人生活在藏区里。在边境地带，印度人与藏人的接触比起汉人与藏人的接触往来要少得多。然而，长期以来，许多藏人包括贵族和农民，都会在冬季为了朝圣而访问印度。他们熟悉并崇拜印度这个佛教的发源地。当地的印度人也以友好的态度接受了这些佛教徒。一些上层的藏人过去在印度喜马拉雅地区还有住所，他们与印度人建立了友好的关系。但是在印藏之间的通婚却极少发生。这是可以理解的，因为印度人在他们内部有严格的种姓内婚，并已经形成了一种传统：即结婚的对象必须属于同一个种姓，但不是来自同一家系内部。

社会的构造

我刚才讲了"种姓内婚"。印度的种姓是一种非常有特色的社会系统。在此，我想讨论一下与此相关的而重要的、对中国和印度的社会结构的比较的问题。关于中国的社会结构，费孝通教授提出了著名的"差序格局"模式(*chaxugeju* model)，[4]。根据这一理论，社会关系以"自我"为起点，像同心

---

[4] 编者注：差序格局的译法很多，这里采用王斯福的译法 "social egoism(社会利己主

圆那样一波一波扩展开来(如同石子扔入水池泛起的波纹)，最后达到天人合一的境界("天下")。这些关系的性质是有弹性的的，而且在各组之间没有明确的边界。

当观察印度的种姓制度的社会时，呈现出相当不同的社会模式(mosaic pattern)。印度社会包含了许多群组，构成了一个镶嵌模式。每一个群组都由种姓作为代表，明确地存在着。群组的聚合是由各种因素促成的，如地方区域、职业的相似性、在等级制中地位相近等。此外，由于种姓主要是一个职业群，每一个种姓表现出该职业的特点。为了过上普通生活每个种姓都需要为其他种姓提供的服务(通常为30或更多的不同种姓)。因此，他们与其他种姓之间有着功能性的经济联系。但是，没有扩大到整个社会的联系。尽管如此，很重要的一点是，无论你在印度社会走到哪里，无论在语言和习俗上的差异如何，你会发现同样的种姓制度的原则。他们都分享着同一价值体系和行为规范的基本原则。所以他们可以辨别出其他人的身份，也能在社会的地图中找到自己的位置。在这样一个体系的运作中，一个社会的整体凝聚力也就产生了。

这两个社会的图景呈现出了一个有趣的对比。尽管这两个社会组织结构的构建上存在差异，但是其社会组织的"核心"却有显著的共性，那就是"家庭"的重要地位 。在这两个社会中，传统家庭结构的理想类型是相同的。在家庭的基本结构中既有家庭成员之间垂直的关系，同时也有横向的平行关系：既有垂直的父子关系，也有同一父母所生的平行兄弟关系。这样一个水平和垂直交叉的结构，固定了家庭的核心，而家庭成员的亲属关系更扩展到外部成员上。家庭和父系宗族之间，没有清晰的界限。其功能边界的产生取决于一些既定的场景，如共有的财产、成员们的个人因素。中国的父系关系的识辨根据族谱可以上溯或者下延许多代，这里我们就会想到中国的祖先崇拜。

在印度，父系集团被称作"gotra"，他构成了一个种姓群体的组成部分，一个种姓群体由许多不同的"gotra"组成。他的功能是识别共同成员的身份，而不是表现与祖先之间的关系。每一个gotra有一个共同的神龛和名字。"gotra"的名字与中国的姓相应,但它在日常社会生活中并不使用。在印度的系统之下，妻子要使用她丈夫的姓。

尽管我们发现在中国和印度社会中存在着不同之处,但在两个社会中对血统(亲属)的承认，在社会组织底层发挥着重要的作用。在日本社会中则有所不同，在家庭确定内部和外部成员关系方面起关键作用的是"户"(household)这个单元，而不是血统(kinship)。事实上,家庭脉络的延续是"户"的延续,在一"户"的下一代中只有一个儿子和他的妻子可以把这个"户"继承下去,其他兄弟们将分家出去,另立门户。当一个家长(父亲)没有生下儿子来继承自己的"户",他就选择一个男子来收养,这个男子可能来自自己的亲属中,也可能与自己没有任何亲属关系,这个收养的男子会合法地继承家长的姓氏和"户"的全部事业。同样的，尽管日本人像中国人一样有祖先崇拜的观念，但是日本人的祖先更多的是被看做是一个家户的创始人，而

义)"(Feuchtwang 2014)。

[参考资料] 3. 中国与印度：从人类学的视角来看文化的边陲

不一定是基于系谱上有血缘关系的人。虽然日本从中国接受了许多重要的文化成分,但是日本的社会制度和继承制度保持了原来的传统。

在日本社会的制度里,像"户"这样的组织在个体成员的联系中比血缘亲属关系更为重要。这一原则进一步发展成了这样的现象:个人的社会交往网络通常仅限于他现在所属的组织("户"的变种与扩展)之内。而在组织层面上,交往网络确实存在。例如,某些母公司与子公司会形成巨大的企业集团。但是即使是在这样的案例中,网络的功能也被限定在组织环境当中。所以,看到中国人和印度人能够拥有和运用如此丰富灵活的个人关系和功能网络,我们日本人是十分惊奇的。从日本人的眼光来看,中国和印度社会的差别和共性表现得是十分清楚的。

接受佛教：汉人、藏人和日本人的差异

最后，让我以佛教从印度的传播为例来讨论固有文化如何接受外来文化。佛教经书(经典梵文)首度被翻译成汉文,包括《般若心经》,日本称之為"Hannya Shingyo",是在公元403年由龟兹人鸠摩罗什翻译,他精通梵文和汉文。之后《般若心经》又被玄奘法师于公元660-663年再次翻译为汉文。玄奘从印度取经后返回了长安,而他的译本在中国更为流行。佛经的藏文译本出现较晚,因为藏文字母是在7世纪时从 Nagari 字体(印度几套书写字体之一,包括梵文等书写形式之一的天城书)借来一些元素而创制而成。所以在8世纪才开始把梵文经书译成藏文。特别是在11世纪时,佛教在西藏特别发达,出现了一些非常杰出的僧侣学者。他们当中有许多人曾留学印度,同时印度的梵学家们也应邀访问西藏。这些藏人学者被称作 Lotsa wa (翻译人)。在那个年代的西藏,学者与翻译人是同义词。藏人学者们致力于让藏文术语与梵文词汇和概念能够相对应。他们的翻译工作有时是与印度梵学家共同完成的。第一本《梵藏佛教词典》早在9世纪初叶就已经完成编写。藏人对佛教的诠释途径从一开始就是学院式的。,他们的学术标准非常之高,也正是这些学者为后来藏传佛教的发展奠定了基础。我在这里应当说,今天藏文佛教经文对于世界上致力于修复古典印度经文的学者们来说具有独一无二的重要性,因为这些印度经文当中有许多在印度已经失传。与之相比,中国的汉文译本则无此功能。高僧们在把梵文佛经译成汉文时，由于汉文和梵文之间在语言上的巨大差异,汉文翻译不是每个词一一对应来翻译的。它们具有两个特点：第一，它在翻译时所参照的概念和术语,通常是一些已经存在的相关的汉文概念和术语，所以这里有一个"汉化"的倾向性；第二，在把原始的梵文经文翻译成汉文时,译者通常会根据汉文已有的思想表达方式而加以简化或筛选。其结果是,在印度用梵文表达的精细逻辑思维与论述并没有被翻译过来，参与那些形而上学式的论述话语,似乎并不是这些汉人译者的兴趣。中国人的思想方式往往只关注那些对促进与引导正直行为的东西。所以这也显示出中国人的思维方式与印度人的思维方式很不相同。当然，我必须说,汉文经文自身也具有其优雅的风格和华美的词汇,充分表现出了中国佛学的渊博思想。

与汉人不同,刚刚接触到佛教的藏人则尽可能地完整吞下印度的逻辑思维,这些对于他们是十分新鲜的,他們也创造了相应于梵文的藏文抽象词

53

汇。这种把梵文经典严谨地译成藏文的倾向,与他们当中许多人与印度梵学家有密切接触是有相联的。可以说,与梵文的密切关系贯穿了藏传佛教的整个发展历程。在中国内地,佛教的鼎盛在7世纪就已到达顶峰,到了11世纪,政府组织的佛经翻译工作已完全停止,译者们也随之消失。而正是这时,藏传佛教进入了它的黄金时代。

最后,我想讲讲日本人接受佛教的态度,特别是对使用经典的态度。与其他国家不同的是,日本直接接受了汉文版佛经而没有把经书译成日文。理由可能有以下几个:在7世纪时汉文字母已经在日本识字阶层中移植得很好并被广泛使用,言辞精美的汉文佛经也显示出一种神圣性;汉文佛经可以使用日文发音来优美地诵唱。在所有的经典中,《般若心经》在日本所有的佛教派系之中都最为流行。他那简短的译本,花不了五分钟的时间来吟诵,许多日本人足以将它牢记在心里了。然而,虽然僧侣与学者们试图进行解释(已出版了上百种解释书籍),并不是所有日本人都了解经文的含义。他们或多或少结合了日本人的思维方式。只有很少数的学者是从驵文修复过来的梵文版本中探索挖掘本身原初的真实含义。其中最好的例子就是中村元、纪野一义翻译,《般若心经·金钢般若经》岩波文库(1960,2003)。另外,几位藏族僧侣对佛经的评论和解释也已经被译成日文,包括《般若心经入门》(2004)。

综上所述,汉人、藏人和日本人在接受佛教方面是存在着差异的。导致这种差异的原因是各个社会的历史传统和固有的文化等原因。

总结

上面我通过对边疆地区社会的分析讨论了中印两国的特点,我认为这些边缘社会为我们提供了一个比较研究的视角。

今天世界发展的趋势导致各独立国家之间的联系越来越紧密,这并不以它们的主观意志为转移。中国和印度之间也开始有较为友好的交流。两国首脑胡锦涛主席和辛格总理实现了会谈。在许多领域中(包括学术领域)出现了更多的交流。这一发展趋势不仅深受两国民众的欢迎,同样也受全世界及邻国的欢迎。

在越来越紧密的接触过程中,人们通常比较关注当代的政治、经济和技术领域,但是我们还需要理解彼此的社会,理解它们是如何走到了今天,在现代化发展的背后它们保持着什么传统的因素。唯有如此,我们才能够知道自己所处的位置以及在与他国交往中什么是最适当的方式。

参考文献

第十四世達賴喇嘛, 2004.《心經的本質》, 翻訳:宮坂宥洪, 东京:春秋社, 2004 (ダライ・ラマ十四世,ダライ・ラマ般若心経入門, 翻訳:宮坂宥洪, 春秋社, 2004); (Dalai Lama the 14th Tenzin Gyatso, 2004. *Essence of the Heart Sutra,* Wisdom Publications, Trans. Miyasaka. Yuko: Shunjusha).

费孝通. 1947/1985年.《乡土中国》, 北京: 三联书店(Fei, Xiaotong. 1985 [1947]. Xiangtu Zhongguo (in Chinese), Beijing: SDX Joint Publishing Company.

— 1992. *From the Soil: The Foundations of Chinese Society*. Translation of Fei Xiaotong's Xiangtu Zhongguo with an introduction and epilogue by Gary Hamilton and Wang Zheng, Berkeley: University of California Press.

Feuchtwang, Stephan. 2015. 'Social Egoism and Individualism: Surprises and Questions for a Western Anthropologist of China Reading Professor Fei Xiaotong's Contrast between China and the West', *Journal of China in Comparative*. Vol. 1 (1):143-160. (王斯福:《社会自我主义与个体主义 —— 一位西方的汉学人类学家阅读费孝通"中西对比"观念的惊讶与问题》,《中国比较研究》, 2015年第1卷第1期第277-291页)。

中村元、纪野一义翻译. 1960/2003.《般若心经·金钢般若经》 岩波文库 (Hajime, Nakamura and Kino, Kazuyoshi, Trans. 1960. *Heart Sutra and Diamond Sutra*. Iwanami bunko).

Chie Nakane. 2006. 'China and India: An Anthropological View in Relation to Cultural Peripheries', a lecture at the 'First Fei Memorial Lecture', Peking University, December 16 (unpublished). [中根千枝.2007.《中国与印度:从人类学的视角来看文化的边陲》, 马戎 译,《北京大学学报(哲学社会科学版)》2007年第2期第143-147页]。

[中级读物]

汉化与梵化
Hannization vs Sanskritization

宋连谊 (Lianyi Song) 编[1]

中国和印度都有广阔的国土和悠久的历史，可是这两个国家的社会结构却相当不同。那么造成这两个大国内部的统一和融合的主要原因是什么呢？我认为"汉文"和"梵文"在文化传播中起了重要作用。这两种语言在古代都得到了很大的发展，而且承载和传播这两种语言和文化的人都是两个国家上层社会中的那些受过很好教育的人。但是，经过了很长的历史发展以后，这两种文化的基本观念已经逐步进入了社会的普通民众当中。汉文承载的特殊文化，可以在政治思想的伦理当中体现出来，而梵文揭示出社会制度中的哲学与宗教思想。汉文和梵文都对社会秩序和共同价值的创立做出了重要贡献。

汉文化的代表是中原的政权，"汉化"，也就是汉文化向四周的传播，在一定程度上是由皇朝政治体制的行政权力来推动的。接受了汉文化并进入到这个政治体制的人们，就成为了中国社会的组成部分。"梵化"体现的是基于印度价值的一种社会秩序，特别体现在印度的种姓制度上。不论是种姓制度内部或外部的人群，只要接近和发展出与这个秩序相似特征的人群就会逐渐成为印度社会的成员。在这个过程中，人们不能以某个个体加入印度社会，而必须以一个群体的方式成为印度社会的组成部分，成为印度人。于是，"汉化"和"梵化"就分别在中国和印度产生了与世界上其他国家都不同的社会，由于以不同的方式不断吸收新的成员，这两个社会没有像目前的民族—国家那样的明确的边界，他们的边界都是模糊的。

标签：社科汉语　　级别：中级　　字数: 582

词汇

广阔	guǎngkuò	broad
悠久	yōujiǔ	long
结构	jiégòu	structure
相当	xiāngdāng	quite
造成	zàochéng	to cause

---

[1]. 这篇中级读物的节选、改编和改写，是作者基于本刊发表的中根千枝(Chie Nakane)的原作：《中国和印度:从人类学的视角来看文化的边陲》，[第1卷第3期, 刘念译(大量参考了马戎的译本，以同名发表于2007年2期《北京大学学报》)。全球中国比较研究会助理编辑和翻译、英国埃塞克斯大学社会学系博士候选人曾育勤女士(Yu-chin Tseng),根据作者的英文原稿对全文作了详细的修改和润校]。

[中级读物] 汉化与梵化 Hannization vs Sanskritization

内部	nèibù	internal
统一	tǒngyī	unity
融合	rónghé	fusion
汉文	hànwén	Chinese language
梵文	fànwén	Sanskrit
传播	chuánbò	spread
发展	fāzhǎn	development
承载	chéngzài	to bear
上层	shàngcéng	upper strata
教育	jiàoyù	education
基本	jīběn	basic
观念	guānniàn	concept
逐步	zhúbù	gradually
民众	mínzhòng	people
特殊	tèshū	special
政治	zhèngzhì	politics
伦理	lúnlǐ	ethics
体现	tǐxiàn	reflect
揭示	jiēshì	reveal
制度	zhìdù	system
哲学	zhéxué	philosophy
宗教	zōngjiào	religion
秩序	zhìxù	order
价值	jiàzhí	value
创立	chuànglì	to found
贡献	gòngxiàn	contributions
中原	zhōngyuán	central plains
政权	zhèngquán	regime
四周	sìzhōu	surrounding
程度	chéng dù	degree; extent
皇朝	huángcháo	dynasty
行政	xíngzhèng	administrative
权力	quánlì	power
推动	tuīdòng	promote
组成	zǔchéng	composition
基于	jīyú	based on
种姓	zhǒngxìng	caste
相似	xiāngsì	similar
特征	tèzhēng	characteristics
某个	mǒu gè	(certain) one
群体	qúntǐ	groups
吸收	xīshōu	absorb

明确	míngquè	clear
模糊	móhú	fuzzy
汉化	hànhuà	The process of becoming Chinese or integrating the Chinese culture
梵化	fánhuà	The the process of lower caste seeking upward mobility by emulating the rituals and practices of the upper or dominant castes

练习1 短语学习。请把下面的短语译成英文。

国土广阔	历史悠久	社会结构	主要原因
文化传播	上层社会	历史发展	基本观念
逐步进入	普通民众	政治思想	体现出来
社会秩序	共同价值	重要贡献	一定程度
政治体制	行政权力	组成部分	不同方式

练习2 学习以下句型并造句。

1) 造成这两个大国内部的统一和融合的主要原因是……
   造成……的(主要)原因是……
   The (main) reason which (has) caused …… is ……

2) "汉文"和"梵文"在文化传播中起了重要作用。
   在……中起……作用
   to play a …… role in ……

3) 汉文承载的特殊文化可以在政治思想的伦理当中体现出来。
   在……当中体现出来
   to be reflected in ……

4) 汉文和梵文都对社会秩序和共同价值的创立做出了重要贡献。
   对……做出……贡献
   to make a …… contribution to ……

5) "汉化"在一定程度上是由皇朝政治体制的行政权力来推动的。
   由……(来)推动的
   to be promoted by/through ……

6) 接受了汉文化并进入到这个政治体制的人们，就成为了中国社会的组成部分。
   成为……的组成部分
   to become an integral part of ……

详细阅读：

请参考本期中根千枝(Chie Nakane)的原作：《中国和印度:从人类学的视角来看文化的边陲》

[高级读物]

家族、家户、种姓：中国、日本和印度的社会构造
Kinship, household and *gotra*: configuration of societies in China, Japan and India

宋连谊 (Lianyi Song) 编[1]

　　印度的种姓(*gotra*)是一个非常有特色的社会制度。在谈到这一点时，我想对中国和印度这两个国家的社会结构进行比较。关于中国的社会结构，费孝通教授曾经提出了著名的"差序格局"。在中国社会，"自我"是一个起点，社会关系像同心圆那样一波一波扩展开来，最后达到最外圈的"天下"。这些关系层具有弹性，而且在各组之间没有明确的边界。

　　当你观察印度的种姓社会时，则会显现出另一个很不同的模式。印度社会是由无数群组构成的，他们形成一个镶嵌模式。由种姓作为代表，每一个群组都是一个边界清晰的实体。群组的聚合是由各种因素促成的，如地缘联系、相同职业、在种姓等级制中相近的地位，等等。此外，印度的种姓主要还是一个职业群体，每个种姓都有一个特定的职业，这样的例子很多。为了维持日常生活与经济活动，每个种姓都需要其他种姓提供的服务，通常会需要30个以上不同种姓的配合。于是，他们和其他种姓之间保持着经济功能方面的联系，但是其中任何一层联系都不扩展到整个社会。然而，非常重要的一个特点是，不管一个人在印度社会里走到哪里，不管当地的语言和习俗如何不同，他都可以发现那里有着关于种姓体系的相同原则，也许各地会有些差异。但他们都分享着同一价值体系和行为规范的基本原则。所以他们可以辨别出其他人的身份，任何人在社会的地图中可以找到自己的位置。在这样一个体系的运作中，一个社会的整体关联性也就产生了。

　　这两个社会的图景呈现出了一个有趣的对比，尽管在两个社会组织结构的构建上存在差异，但我们在社会组织的"核心"里还是可以发现一个显著的共性，那就是"家庭"的重要地位。在这两个社会中，传统家庭结构的理想类型是相同的。在家庭的基本结构中既有家庭成员之间垂直的关系(如父子关系)，同时也有横向的平行关系(如兄弟关系)。这样一个水平和垂直交叉的结构，固定了家庭的核心，从家庭成员的亲属关系再扩展到外部的成员。在一个家庭和一个父系宗族之间，没有清晰的界限。其功能边界的产生取决于一些既定的情形，如共有的财产、成员们的个人因素。中国的父系关系的识辨根据族谱可以上溯或者下延许多代，这里我们就会想到中国的祖先崇拜。

---

[1]. 这篇高级读物的节选、改编和改写，是作者基于本刊发表的中根千枝(Chie Nakane)的原作：《中国和印度:从人类学的视角来看文化的边陲》，[《中国比较研究》第1卷第3期，刘念译(大量参考了马戎的译本，以同名发表于2007年2期《北京大学学报》)。全球中国比较研究会助理编辑和翻译、英国埃塞克斯大学社会学系博士候选人曾育勤女士(Yu-chin Tseng),根据作者的英文原稿对全文作了详细的修改和润校]。

在印度，父系集团被称作"gotra"，他构成了一个种姓群体的组成部分，一个种姓群体由许多不同的"gotra"组成。他的功能就是建立起共同成员身份的认同，而不是表现与祖先之间的关系。每一个gotra有一个共同的神龛和名字。"gotra"的名字与中国的姓氏相对应，但它在日常社会生活中并不使用。不过，在印度的系统之下，妻子会被要求使用她丈夫的姓氏。

尽管我们发现在中国和印度社会中存在着不同之处，但在两个社会中对血缘(亲属)的承认，在社会组织底层发挥着重要的作用。在日本社会中则有所不同，在家庭确定内部和外部成员关系方面起关键作用的是"户"(*ie*)这个单元，而不是血缘。事实上，家庭脉络的延续是"户"的延续，在一"户"的下一代中只有一个儿子和他的妻子可以把这个"户"继承下去，其他兄弟们将分家出去，另立门户。当一个家长(父亲)没有亲生儿子来继承自己的"户"，他就选择一个男子来收养，这个男子可能来自自己的亲属中，也可能与自己没有任何亲属关系。这个收养的男子会合法地继承家长的姓氏和"户"的全部事业。同样的，尽管日本人像中国人一样有祖先崇拜的观念，但是日本人的祖先更多的是被看做一个家户的创始人，而不一定是基于有血缘关系的人。虽然日本从中国接受了许多重要的文化成分，但是日本本土的社会架构却保持未变。

在日本社会的制度里，像"户"这样的组织在个体成员的联系中比血缘亲属关系更为重要。这一原则进一步发展成了这样的现象：个人的社会交往范围通常仅限于他现在所属的组织("户"的变种与扩展)的围墙之内。而在组织之间的那个层面上，交往网络也是存在的。例如，在一些经济界的个案中，父亲公司和儿子公司构成了一个巨大的企业集团，彼此建立起了远比经济关系更密切的忠诚关系。但是即使是在这样的例子中，人际网络的功能也被限定在机构体系的设置当中。所以，看到中国人和印度人能够拥有和运用如此丰富灵活的功能性人际关系网络，我们日本人是十分惊奇的。从日本人的眼光来看，中国和印度社会的差别和共性表现得是十分清楚的。

词语

构造	gòuzào	configuration
弹性	tánxìng	elasticity
镶嵌	xiāngqiàn	mosaic; inlay
清晰	qīngxī	clear
地缘	dìyuán	geo; local, regional
习俗	xísú	custom
规范	guīfàn	specification; pattern
运作	yùnzuò	operation
关联性	guānliánxìng	relevance, coherence
呈现	chéngxiàn	appear; show
差异	chāyì	difference
垂直	chuízhí	vertical
平行	píngxíng	parallel
交叉	jiāochā	cross

族谱	zúpǔ	genealogy
上溯	shàngsù	traced
崇拜	chóngbài	worship
神龛	shénkān	shrine
血缘	xiěyuán	kinship
脉络	màiluò	arteries and veins; context
继承	jìchéng	inherit
门户	ménhù	family; faction
收养	shōuyǎng	adopt; adoption
架构	jiàgòu	structure
差序格局		Differential pattern (cf. the ripple effect)
镶嵌模式		Mosaic pattern

费孝通(1910–2005)中国著名社会学家、人类学家、民族学家、社会活动家，中国社会学和人类学的奠基人之一

练习1　讨论题/作文题：
1) 请根据本文分别叙述一下中国、日本和印度的社会结构的特点。可以参考使用以下所给词语。

中国：
父系关系，对比，核心，共性，基本结构，既... 又...，垂直关系，横向，平行关系，交叉的结构，扩展，识辨，族谱，上溯，下延，代，祖先崇拜。

日本：
家庭内部和外部成员关系，继承，兄弟们，分家,另立门户，收养，亲属，祖先崇拜，血缘关系，本土的，社会架构，保持未变，个体成员，企业集团，人际网络，机构体系，十分惊奇，差别和共性

印度：
种姓(*gotra*)，特色，社会结构，观察，模式，镶嵌模式，边界清晰，实体，聚合，各种因素，地缘联系，相同职业，等级制，职业群体，特定的职业，日常生活，经济活动，配合，功能方面，扩展，整个社会，语言和习俗，相同原则，差异，价值体系，行为规范，基本原则，辨别，身份，位置，运作，呈现，对比，核心，共性，基本结构，既... 又...，垂直关系，横向，平行关系，交叉的结构，扩展，清晰的界限，功能边界，神龛

2) 你对中国、日本和印度的社会结构的了解与文章中所描述的相同吗？即：你同意作者的看法吗？如果不同意，请谈谈你的看法。
3) 本文谈论的三个亚洲国家在社会结构上的不同，请谈一下你的国家或两个不同西方国家之间在社会结构上的同异。

详细阅读：

请参考中根千枝(Chie Nakane)的原作:《中国和印度:从人类学的视角来看文化的边陲》。

[参考资料]

4. 关于农村社会的家与家产的比较研究
以中日比较为中心[1]

朴红 (Hong Park)

提要: 将中国与日本的农村家庭与家产作以比较是很有意义的。日本的家(ie)以农业生产为主要目,它由家名、家产、家业、家格和祖先祭祀等诸要素构成。日本的家产具有排他性(由长子单独继承)和永续性的特点;中国的家(jia)以直系血缘关系的延续为主要目的,作为经济支撑的家庭财产,原则上在兄弟间均分继承。不过,在本文所举的中国(江村第13组)事例里,却有着类似于日本(长野县小县郡K家)家产的特点。比如,20世纪70年代,很多多子家庭,保留一子继承家产,其他儿子入赘他家,这样避免了分家。表面上看,这种制度形似日本的家产制度,但两者之间却存在着根本性的差别。本文以江村为例,把焦点放在作为居住单位同时又是家产的房屋上,从历史角度分析苏南农村家庭与财产的变化过程。近100年来江村的房屋变迁表明,家产分割是有限的;由于个体家庭经济积累的增长,家产也不断增加。

关键词: 家,家产,中日比较

前言

在日本和中国,小农经济早已有之。作为承载小农经济的社会与经济组织,在这两个国家却有不同的体现形式。在日本,体现为以地缘组织为中心的村落共同体,在中国则体现为由血缘关系结合成的同族集团(Nakamura 2000)。另一方面,如费孝通所指出的那样,以集镇为核心的经济网络对于中国小农经济也起到了很大的支持作用(费孝通2002)。

因此,在日本和中国,小农家庭的构成原理是不同的,并且随着家族的扩大,家产的继承方式也大不相同。本文先就两国间的家族、家产和继承的概念作以比较,之后介绍日本的事例,接着以江村为例,分析包括继承在内的家族分化的过程,进而把握中国苏南农村一个世纪的小农家族的变迁。

---

[1] 本文在写作过程中,从构思阶段就受到当时在伦敦经济学院工作的常向群博士的细心指导,并给予了无私的帮助。南京师范大学经济史郭爱民教授对本文内容也提出了宝贵意见和修改。在此对两位老师表示忠心的感谢。同时还要感谢《中国比较研究》助理编辑魏文轩(Matthew Timothy Wills)先生、全球中国比较研究会的助理翻译人员裴可诗(Costanza Pernigotti)女士、李子瑛(Lee Chi Ying)先生和潘尚权(Sheung Kuen Poon)先生,以及我指导的博士研究生高慧琛(Gao Hui Chen)先生。

[参考资料] 4. 关于农村社会的家与家产的比较研究：以中日比较为中心

一、家族与家产：日本和中国的比较

(一)日本的家的继承

在日本，小农经济在近世(江户时代)早期，即17世纪中期就已经实现了。在这个时期，武士与农民无论在身份上，还是在居住空间上，都已明确地划分开来。武士居住在城市里，农民居住在乡村，地租以"村"(日语称为"mura")为单位，按照农民的共同责任制的方式交纳给幕藩。以缴纳地租为前提，mura的自治(司法、行政和裁判权)在一定的范围内得到了幕藩的承认，"自治村落"由此形成。

在江户时代以前，农民是受同族集团支配的；到了江户时代(1603-1868年)，农民中的一部分人逐渐自立变为"本百姓"(日语称为"Hon-byakushou"，是指拥有土地使用权，并在幕藩的土地帐册上登记注册，按规定通过mura缴纳租税给幕藩的农民)，并成为mura的正规成员，在mura内部具有相互平等的地位。由此，在江户时代，"本百姓"的小农经济得到确立，他们原本承包的幕藩的土地，开始被视为是他们的家(ie)的家产，他们的家名、家业、家格(ie的社会地位)以及祖先祭祀权由一子单独继承，并作为惯行被固定了下来(Sekiguchi 1989; Okama 2009)。

家产是ie得以存续的物质条件，一子继承在一般情况下是由长子完成的；在条件不具备的情况下，由次子以下或女婿(非血缘关系)继承的事例也时有发生。因此，祖先祭祀权是不受血统关系左右的。这一点与中国的情况大不相同(Nakane 1987)。另一方面，家长虽说在ie中具有绝对的权限，但如果家长危害了ie的利益，就有可能遭到家族成员的排斥，还有可能遭到mura的干涉。

总之，日本近代的ie追求的是永世存续，这主要是指两个方面：一是家名和家业，家族成员的抚养监督，祖先的祭祀，祖坟的维护，作为ie的身分的家格；二是家产，即ie的财产。

进入现代社会以后，明治民法的制定，强化了户主权，重组了行政组织，mura作为一种习俗被维持了下来。家长和mura作为历代政府向农村渗透政策的工具，起到了极大的作用。家产作为以家长为主导地位的ie制度的根干也被保留了下来。关于家产的积累和繁荣过程，在《门和仓》(Wada 1972-74, 记录了家名的繁荣和作为家产的土地的积累过程)这部小说里得到淋漓尽致的反映。在第二次世界大战以后的民主化过程中，明治民法在很大程度上进行了修改，均分继承制得到了确立。然而，作为惯行的一子继承制，除了农地被财产化的地区以外，至今仍占有支配性的地位。mura的职能虽然苟延残喘，但作为近年来拯救日本农业的旗手的"村落营农"，仍然倍受瞩目。如此看来，在日本，直到今天，农村家族与家产仍是mura农业再生产的重要因素。否则，长期以来，就不可能维持600万公顷的农地和600万户的农户(近几年有所减少)[2]。

---

[2] 长子以外的男性成为佃农或从事打杂业。进入近代以后，在国内劳动力市场饱和的时期，他们中的一部分人作为移民(国内移民到北海道，国外移民到朝鲜、满洲、夏威夷-北美、南美)从日本本土迁出。

(二)中国的"家系主义"与财产继承

与日本的情况相比,中国的家(jia)和家产就大不相同。在中国,至清代为止,政府的政治统治停留到县级,在政府与广大农民阶层之间,由乡绅起到承上启下的作用。在这种"双轨政治"(费孝通1999)之下,jia无法成为土地共同体的单位。也就是说,jia不会像ie那样具有区域性的农业再生产的要素,也不具有作为农业经营(家业)的永久性。换句话说,日本的农村家族以农业生产为主要目的,中国的家(jia)以直系血缘关系的延续为主要目的,作为其经济支撑的家庭财产是极为重要的要素。

在家庭财产问题上,有着各种各样的争论,高永平以"家系主义"的财产继承原则,解释这个问题(高永平2006;Shiga 1950)。这里所说的家系是指,

> "一个不与兄弟同居的成年男人和他的所有的连续单传的祖先以及他的所有未成年的儿子(或已成年但为独子)所构成的男系血缘群体(或拟制的男性血缘群体)"(高永平2006: 173)。

家系是宗祧继承和财产继承的惟一主体。当父亲是这个家系的家长时,他自然有权力与外界就家产问题做出决策。但涉及到家产的继承问题,那就不一样了。首先,如果是独生子,那么,由于父和子构成的群体是一个家系(法人团体),就不存在财产的让度行为。费孝通(2002)的江村事例与此一致。但如果是多子继承的情况,就会出现分家的现象,一个家庭在分家时有几个儿子就会产生几个新的家系(家庭财产权利主体),父亲不再有财产处分权,家产便根据儿子的人数被均分继承。从这里我们可以知道,父亲作为家长曾经掌管的家产,无论多寡,在儿子们长大成人之后(一般是指结婚生子),被新的家系均分继承。

下面,我们以实例探讨日本的ie与中国的jia的不同,以及继承的本质性区别。先介绍日本宗祧继承的情况,然后以江村的事例来介绍中国的家和家产继承的特点。同时,我们也就中国的家族所包含的精神生活3、日常生活和生产安排的内容,在文中作一定程度的展现。

二、日本的家的继承:近代蚕种农户的事例介绍

为了与中国的jia的继承问题相比较,我们将援用长谷部的研究成果(Hasebe 2009a),通过了解宗祧继承的情况,来进一步明确日本的ie的概念及其继承的多样性。

---

[3]. 在精神生活方面,祖先崇拜是主要的仪式,比如,在后述的江村事例中,No.14家七月半做"鬼节"时要摆两桌酒,一桌为自己的祖先置办,另一桌是为原来的邻居的祖先做的,因为他们家用了人家的宅基地。

[参考资料] 4. 关于农村社会的家与家产的比较研究：以中日比较为中心

(一)日本的家名、家业、家格和家产

表1 Ie的继承

世代	实名	生年	家督期间 开始	家督期间 结束	家督期间 年限	继承形态	特记事项
①	珍英	1703	1727	1763	37	隐居	分家，从本家分得土地 开始蚕种交易
②	义白	1736	1764	1790	27	隐居	
③	吉信	1763	1790	1796	7	死亡(33岁)	扩大蚕种业
③'	信宜	1770顷	1796	1809	14	分家	成为设立蚕商合作社的主体("过渡家长")
④	东枝	1788	1809	1840	32	死亡(53岁)	继承家业，进行村政管理 成为周边地区的重要人物
⑤	信令	1813	1840	1854	15	死亡(41岁)	继承家业以及村干部的职位
⑥	信周	1820	1854	1870	17	死亡(50岁)	同上
⑦		1850	1870				制造蚕种纸，成立销售公司

资料：根据Hasebe(2009a)整理而成。其中一部分为推测。
注释：如后所述，③'是③的弟弟，在③死后，由于③的儿子④还未成年，所以暂时代替④做了家长("过渡家长")，在④成年之后，将家长之位让位于④。

在这里，我们介绍18世纪初至19世纪中期长野县一个农村家族(K家)的事例。长野县上盐尻村是水旱田种植业与养蚕业都很发达的地区。1727年，K家从本家(Z家)分家[4]之后，经历了140年，期间有7个家长进行了宗桃继承(表1)。K家的家名是"嘉平次(Kaheiji)"，这个家名是代代相传的，每一个家长在位期间都被称为"嘉平次"，当然他们也有自己的实名。

每个家长管理家业的年限如下：第1代家长为37年，最为长久；第2代为27年；第3代只有7年，因为他在33岁时就死亡，由他的弟弟作为"过渡家长"管理了14年；第4代是第3代的儿子，家长在位期间长达32年，之后的第5代和第6代分别为15年和17年，比较短暂。从以下的论述中可以知道，宗桃继承是在非常困难的状态之下进行的，其中的一个重要原因就是极高的死亡率。从继承的形态上讲，第1代是在60岁，第2代是在54岁(死亡是在72岁)时隐居，将家长的位置让渡给下一代，而余下的4人都是由于上一代的死亡而继承了家长的位置的。

---

[4] 关于K家与本家Z的分家的情况不是很明了，见长谷部(2009b)。

那么，在这140年间家业发生了怎样的变化呢？第1代于1727年从本家分家，到了1731年继承了本家近一半的土地，成为"本百姓"，其土地规模在村里达到了中上层水平，并从1740年代末开始与本家一起经营起了蚕种业。他们不仅自己制造蚕种纸，而且还大量买进，然后在当地及周边地区进行销售。因此与养蚕农户建立了固定的买卖关系，而且也进行信用交易。

第2代继承了以上的业务，到了第3代扩大了蚕种业，之后的"过渡家长"建立了蚕种商人合作社，并成为其中心人物。第4代家长以家的经济实力为支撑，逐渐在村行政方面确立了重要的地位。

这样，K家以蚕种业为中心，不断地扩大家业，并成为村里的重要人物。在这个过程中，家在村里的地位，即家格提高了。

家产是由农地和与蚕种业有关的金融资产来组成的。从第1代到第3代，农地的规模在村里属于中上层，到了第4，5代(1830-1840年代)一度减少，之后呈现恢复趋势。在金融资产方面，蚕种业的发展对其积累起到了很大的作用。尤其是与养蚕农户进行蚕种交易时，K家对于缺少农资的农户，垫资提供蚕种纸，待农户交纳蚕茧时，从中扣除蚕种纸费用。这样，双方在无形中形成了一种固定的，排他性的金融借贷关系。就K家的金融资产整体而言，1790年代末至1910年代中期为最盛时期，之后的10年间为后退期，再往后便是停滞期。

(二)K家的继承过程

以下介绍宗祧继承是如何进行的。图1显示了其非常复杂的过程。首先，分析第1代到第2代的继承状况。第1代有子女4男2女，由于长子、次子和三子夭折了，四子为家长的第1候选人，不过，结婚后就去世了。因此，长女从本家(Z家)招了上门女婿(第2候选人)，不料婚后夫妻双双死亡。没有办法，K家只能将嫁出去的次女连同其丈夫一起作为养子女迎入。这样，次女的丈夫继承了家长的位置，成为第2代家长。这实际上是上门女婿作家长的事例。

第2代向第3代的传递，过程更为复杂。第2代有子女2女1男，只有长女长大成人，招了上门女婿作为家长的第1候选人。但是，由于离婚，便招了上门女婿(第2候选人)。

然而，由于长女死亡，其夫娶了后妻。后来由于这个丈夫离家出走，后妻招了上门女婿(第3候选人)。这对夫妻后来也离家出走了。第2代家长由于妻子(第1代家长的次女)死亡，便迎娶了结过婚并有两个女儿的女子作为后妻，后妻的长女招了上门女婿。结果是这个上门女婿作为第4候选人成为了第3代家长。继承了家业7年以后，这位第3代家长死亡，年仅33岁。此后，K家将其弟弟招为上门女婿，作为"过渡家长"。14年后，第3代家长的长子长大成人，"过渡家长"便将家长的位置让给他，成为了第4代家长。他是唯一继承顺利的一代。

之后的继承又呈现复杂局面。第4代育有子女4男1女，家长去世之后，其长子作为第5代接班人继承了家业。由于他的婚姻(结婚3次)失败，

[参考资料] 4. 关于农村社会的家与家产的比较研究：以中日比较为中心

而且无嗣，41岁时死亡；K家便将结婚在外的三子唤回，由他继承了家业成为第6代家长。

第7代的宗祧继承横跨到了近现代，也没有能够正常继承。因为他只有1个女儿，所以招了上门女婿，但是由于女婿的品行不端而离婚。于是，K家从本家领养了一个8岁的男孩，在第6代去世之后，男孩长到20岁的时候，结婚并继承了家业。

综上所述，第2代和第3代家长都是上门女婿，他们的妻子是先代后妻带来的女儿，与K家没有血缘关系；而第4、5代是第3代长子系谱；第6代是第5代的弟弟，因此他的家长在位期间很短暂；第7代是从本家领养的养子，虽说血缘关系得到恢复，但这只能说是一种紧急应对措施。

由上分析，可以得到两点启示。第一，极高的死亡率是继承困难的一大原因。其结果，招上门女婿继承家业的有两例(如果把"过渡家长"也算入的话就是三例)，养子继承的有一例，兄弟继承的有两例(包括"过渡家长")，过程极为复杂。加上继承候选人(上门女婿)的死亡例子多，就更加剧了其复杂程度。第二，ie的继承不受血缘关系的限制。在上述继承过程中，因血缘继承的事例极为有限，第3代继承人实际上与K家原来的血缘已经没有关系了。

K家的个案表明，继承的主要目的是延续家业，家产是继承家业的经济基础。家名是将家业和家产进行统合形象化时的重要象征。本事例中的人们为了将这种经济基础以及象征传承给下一代，注入了全身心的精力，耗费了巨大的能量。反之，如果不这样做，ie的继承就无法完成。这种像走钢丝绳般惊心动魄的继承事例是否普遍不得而知，在此仅作为一个案例，赖说明日本的ie的继承的本质。

三、中国的家的继承与家产：江村的事例

江村的农地是以圩(汉语发音为"wei"，指四周具有高起的围岸的低洼地)为单位来划分的。自古以来，由于人口和土地的比例极度失调(人多地少)，江村的职业划分具有多样性的特点。然而，从上世纪20年代开始，江村经历了世界经济危机、战乱以及计划经济，原有的职业多样性的特点逐渐减弱。1990年代以后，由于农村工业化的发展，江村内部的产业结构发生了极大的变化，职业划分的多样性重新表现了出来。

从居住状况来看，江村的住宅原本以贯穿于村庄的运河("小清河")沿岸为中心，延展开来。后来，随着道路的建设，交通手段从河运转向陆运，位于小清河沿岸的房屋成为距离交通便道最远的地带。同时，房屋的数量明显增加，房屋结构不断向空中延伸。房屋的数量基本上体现了家庭单位，其规模体现了家产的规模。可以用房屋的数量与质量的变化，观察江村的家族与家产的变化情况。下面，首先根据房屋的规模变化，分析家产的变化情况。其次，通过对家谱变化的分析，来明确同住亲属的独立、分家过程。

房屋规模与家产的变化

正如费孝通当年介绍的那样，作为自然村的江村由4个圩组成，即西长圩、南圩、凉角圩和城角圩，并有东西两个大的水面，即东庄荡和西庄荡。直到1980年代初，圩和圩之间的交通还主要依赖于水路(即河道)，交通工具就是穿行于各圩之间的船只。房屋沿小清河排开，其门庭面向小清河。现在的江村(自然村)由15个组组成，北边有3个圩，每个圩有3个组，南边的城角圩有6个组。

本文以第13组为例，说明房屋的情况。该组有很多具有历史意义的建筑物，是江村的中心(Sakashita et al. 2006)。比如，民国时期(20世纪30年代)的江村蚕业合作社以及幼蚕共育室，在解放初期变为开弦弓乡的乡政府，人民公社时期又成为大队办公室。再如，文革时期，那里又新盖了知青们的宿舍等。自从修建道路之后，道路两旁变为中心地带，1990年代，小学搬迁到第13组道路的南侧；2008年，小学并入庙港中心小学，2009年村委会迁入。

第13组现在的在籍户数为29户，房屋排列见图2。排列图比起实际情况稍规整一些，计6行(图上方为北)。直到20世纪60年代末期，小清河沿岸(在图2中以点线为界北部)的居民还都居住在清代建筑里，完整保留着传统的历史风貌。从图2可以看到家系的分布，从东面开始分别为姚1氏，赵氏，姚2氏，姚3氏，周1氏和周2氏。还有，1935年，南村的户数按照姓氏划分(费孝通 2002)，最多的为周氏49户，其次为姚氏30户，其他的有赵氏7户。从中可以知道：同族的一部分从很久以前就居住在这里。当时，这一带的房屋都是平房，只有周2氏的祖先由于是清代官僚，其房屋是建筑300年之久的"小二楼"。

[参考资料] 4.关于农村社会的家与家产的比较研究：以中日比较为中心

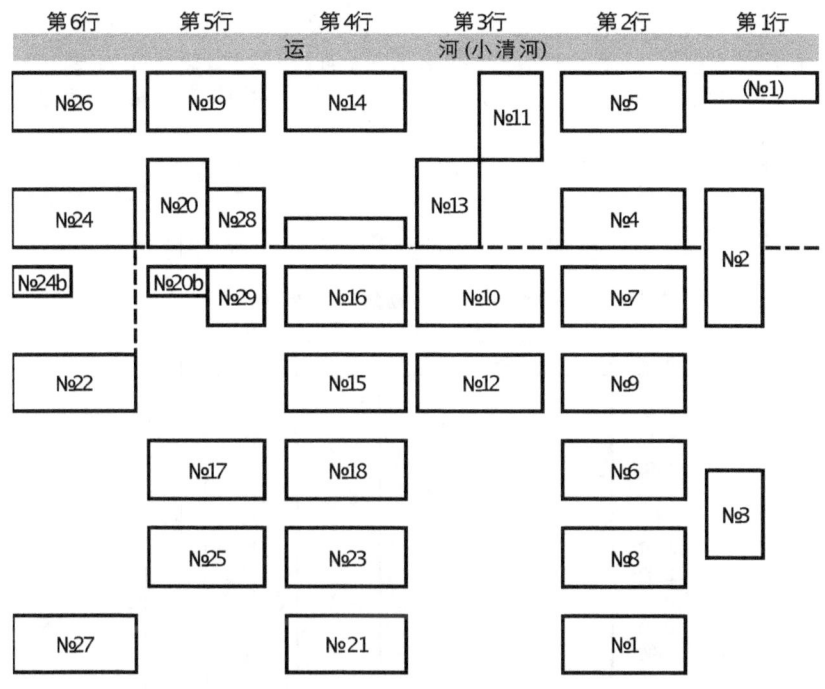

图2　第13组的房屋分布图

　　直到上世纪60年代，江村的住房集居于小清河沿岸。到了70年代，邓小平出来工作的时期，出台了一个建设新农村的规划，村民们把村子周围的水稻田改为桑地，同时，还借这个机会把南边的水稻田、桑地和茭白田改造为住房用地。组里有三分之一的家庭因为子女到了婚龄，需要更大的生活空间，而新盖了平房。这与阎云翔做田野的下岬村情况相似。他提道，到了1980年代，为了改善生活，子女结婚后新盖一座房子，也是平房，因为该村坐落在黑龙江，那里地大物博，有条件另外盖房子。在江村，在80年代中期，有些屋梁低矮的平房得到了改造；进入80年代的后期，改革开放政策实施几年后，农户的经济收入增加得较多，二层楼变得普遍，这是因为江村坐落在人多地少的地区，他们是向空中发展，通过盖楼房来达到改善生活的同样目的；这与解放前富有的家庭通过盖楼房改善生活条件的做法是一样的[5]。就生产而言，农户在家里养蚕或织毛衫等等过去是与日常生活搅在一起的，到了80年代的后期，二层楼变得普遍，这些生产活动与生活空间得到了分离。

　　1989年，江村(合并前1-19组)新建房屋的农户为235户，占当时总户数612户的38.4%。一栋楼的建筑费用大约为2万元，共计400多万元(王淮冰

---

[5]. 关于江村与下岬村的住房结构的比较，请详见常向群(2009)第6章第1、2节。另外，关于下岬村的家庭类型的详细描述，请详见阎云翔(2009)。

69

2004: 12)。1985年,全村农民总收入约为120万元(沈关宝 1993: 135),此建筑费用约为4年左右的总收入。此后,1990年有51户(建筑费用259万元),1991年有71户(同342万元),1992年有32户(同113万元)新建了楼房。

表2表示的是第13组房屋的建筑年份,是根据访谈内容进行整理的。有的2层楼是在原来平房的基础上增建起来的,而这里表示的是建成2层楼的年份。在上世纪80年代后期,29户中有17户已经建了2层楼,而到了1996年所有农户(不包括两户城镇户口)全部住进了2层楼。2000年以后,豪华型、别墅型房屋出现,贫富之差也开始从房屋外观体现出来。

表2　二层楼房的建筑时期的推移(第13组)

单位:栋,元

年度	二层楼房	增建	新建	累计	纯收入/人
1985	2			2	659
1986	4			6	
1987	5			11	
1988	1			12	1,115
1989	5			17	1,181
1990	2			19	1,120
1991				19	1,346
1992	4			23	1,873
1993	6		2	29	2,222
1994		1		31	2,931
1995				31	4,078
1996	1	1		32	4,879
1997				32	4,945
1998				32	5,106
1999				32	5,117
2000				32	5,246
2001				32	5,466
2002				32	5,632
2003	2			35	6,073

资料:根据村委会介绍。
注释:　1)纯收入是根据Sakashita et al. (2006) 计算得出。
　　　2)1985年数据是根据沈关宝(1993)计算得出。

同住亲属的分居独立与分家

江村的房屋在数量和面积上的增加,说明两个问题。一是,改善了直到上世纪60年代为止集居于小清河沿岸而且居住条件拥挤的状况,房屋数量增加的过程也是大家族分化的过程。二是,子女结婚、分家,从原来的居住单位分离的过程。以下,我们按照图2所示的6行房屋,来分析具有典型意义的两个家族的情况。

第2行 赵氏家族(图3)

[参考资料] 4.关于农村社会的家与家产的比较研究：以中日比较为中心

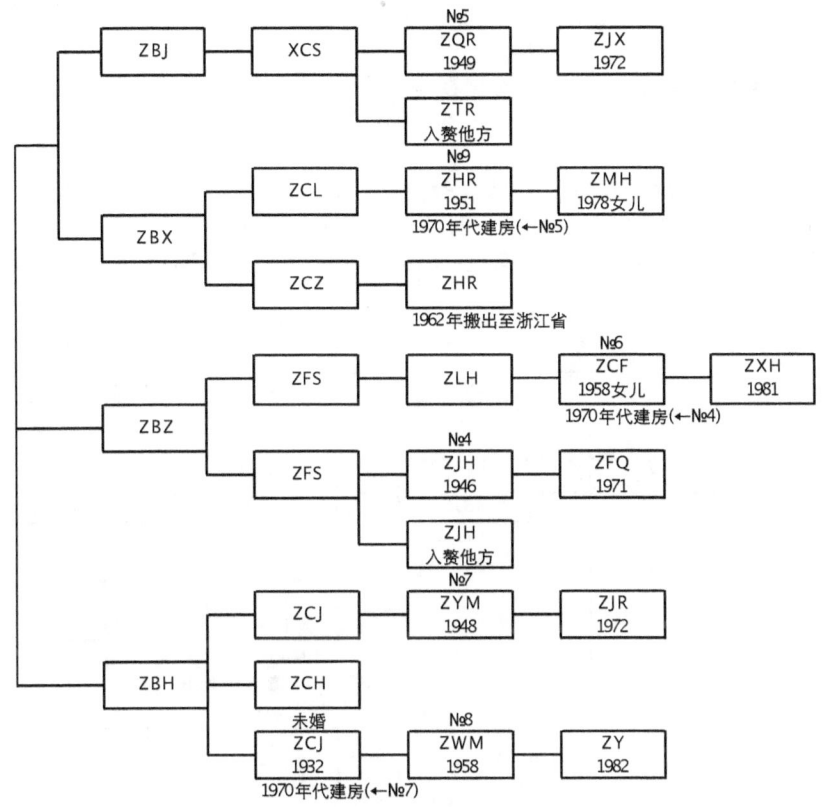

图3　赵氏家族与房屋分布情况(第2行)

图3展示了赵氏家族的分家情况。No.5距离小清河最近，过去曾经有4家人在这里同住(ZBJ, ZBX, ZBZ and ZBH)。属于"自家人"。No.5家有7间房间，此外还有厨房和仓库。下面看一下个别家庭情况。首先，1962年No.9的弟弟一家搬迁至浙江省。之后，在70年代No.9和No.4独立分户，在第2行内新建了房屋。这样居住单位就变成了3户。而No.4又招入了上门女婿，分户为No.6。No.5和No.4都有弟弟，但是由于他们都入赘他方，因此没有出现分家现象。由此可知，在这个家族中有1户迁出，两户入赘他方，没有新建房屋。No.5的房子，直到1980年代初还是平房，1985年增建了2楼部分。No.7的宅基地上原有的房屋也是清代的建筑。No.7的父亲有3兄弟，老二没有结婚，老三1970年代独立为No.8。因此,这个例子也不是分家，而只是分户而已。

由此可知，在第2行里，解放后也没有发生分家的情况，No.4至No.9这6户刚好排在同一行里(图2)。

第4行 姚氏家族(图4)

No.14的父辈有3兄弟,曾经都在小清河沿岸的清代老房子里居住。房屋的平面图如图5所示。在上世纪40-50年代,3兄弟分别结婚,3对夫妇和他们的子女,计10多人分住6间房。其中,老二(YJS)在1967年利用原来的畜棚及其周边的空地新建了平房,因此搬出老房子独立为No.16(之后在1984年增建2楼部分,1994年新建2层楼)。这样,老大(YBS)和老三(YRS)各分住3间房,直到1978年老三搬迁至No.16的南边(No.15)。搬迁时用了No.13(图2)房屋的一部分木材和砖瓦。

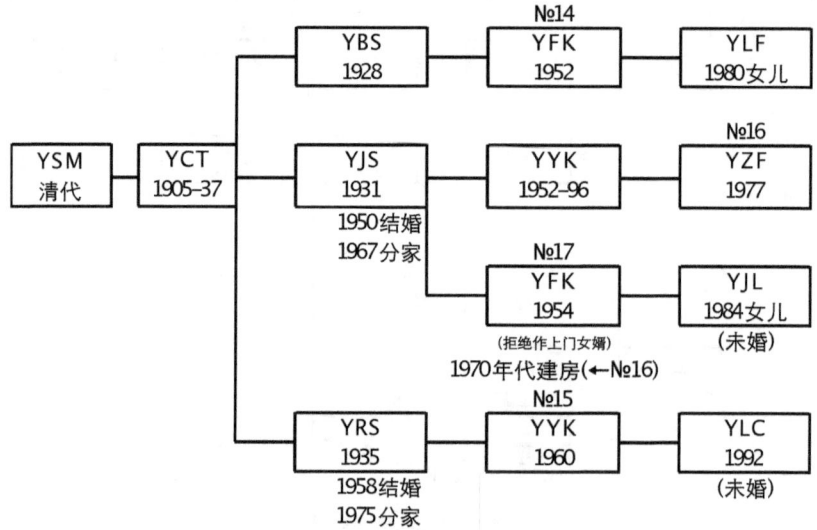

图4 姚氏家族与房屋分布情况(第4行)

如前所述,这里(No.15的宅基地)在民国时期曾经是养蚕合作社和幼蚕共育室,解放后为开弦弓乡政府,1968年成为生产队的办公室(A地)。1969年在A地旁边的空地上,新建了下放知青的宿舍和生产队的仓库(B地)。No.14的父亲在民国时期曾经拥有A地的土地所有权,在文革后重新购回。之后,No.15购买并迁入A地(1991年增建了2楼部分)。又在1998年购买了B地,将原有的房子改建为家庭毛衫编织厂6。

---

6. 关于第13组的农户就业结构,请参照Park et al. (2008)。

[参考资料] 4. 关于农村社会的家与家产的比较研究：以中日比较为中心

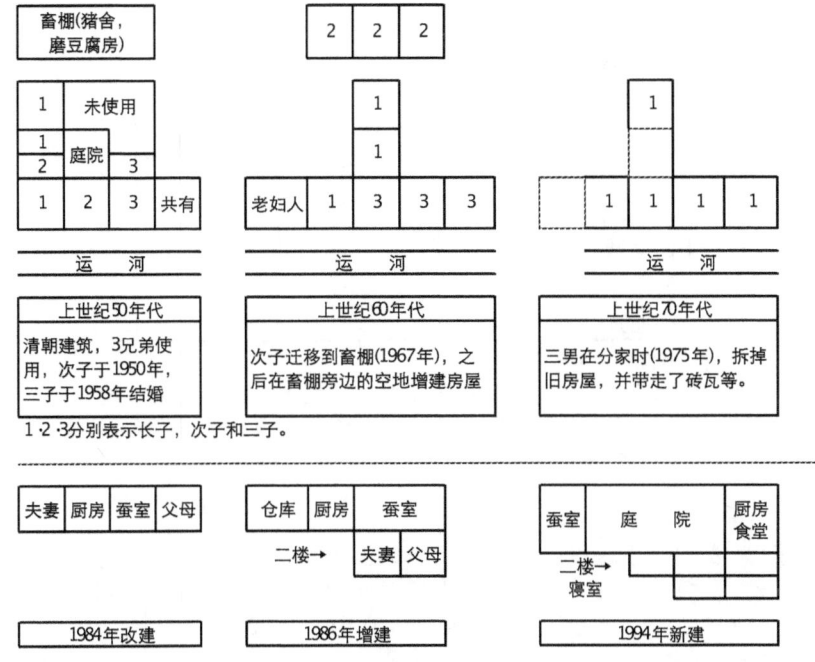

图5 №14的房屋利用及增改建过程

随着No.15的独立，居住单位逐渐变为3户(No.14，15，16)。老房子由No.14居住，分别于1984年和86年改建，增建了2楼部分，1994年新建了现在居住的2层楼。No.16有一个弟弟，曾经有人介绍他做上门女婿，被他拒绝了[7]，并在1970年代，在第5行新建了房屋，分家独立了(No.17)。这种分家的事例，在解放后出生的人群里实属罕见。

---

[7] 根据常向群(2009)(第6章第3节) 介绍，"在传统上，江村的招女婿被认为是一种不幸，因为招女婿家庭没有儿子，而招进的女婿则由于贫穷而导致社会地位低下。如今，越来越多的家庭接受了这种婚姻模式。……肯定是受到20世纪80年代初以来实施独生子女政策的影响"。本文中的No.16的弟弟(No.17)拒绝做上门女婿是在1970年代，可以推测其原因是担心受歧视。

(3)三代家族的变化

表3 第13组的世代别户主数与出入关系

单位：人

	第一代	第二代	第三代	合计
人数	21	24	24	69
平均出生年	1922年	1948年	1974年	
上门女婿	0	2	5	7
分家	0	3	0	3
入赘他方	0	4	3	7

资料：根据走访笔录。

注释： 1) 24户(不包括5户城市户口)。包括入赘他方人数。
2) 第一代的出生年龄不明者的年龄，是从第2代的年龄减去25岁而推算出来的。

以上，我们具体分析了不同家族的3代变迁和居住单位变化的情况。由此可知，在第13组，分家是极为罕见的现象。通过表3可以进一步确认这一点。组里现有居民27户，其中，3户由于是城市户口而未能取得他们的年龄信息，余下的24户按照不同世代，将户主人数及他们的出入关系整理为表3。由此可知，第1代有21人，他们居住在小清河沿岸。出生在上世纪20年代的有6人，30年代初期的有5人，40年代初期的有4人，平均出生年度为1922年。他们在解放时，刚好是青年期。第2代有24人，出生在上世纪40年代后期的有9人，50年代初期的有5人，平均出生年度为1948年。他们在1970年代结婚，这个时期，正值第1代独立，新建房屋。第13组也因此扩大了居住区域，增加了户数。在解放后出生的第2代中，分家的有3人(除了No.17之外，还有两家，本文没有提及)，入赘的有4人。还有两名女性招了上门女婿成了女户主。户数由21户变为24户。第3代有24人，出生在上世纪70年代初期的有8人，80年代初期的有6人，平均出生年度为1974年。他们是改革开放时期成长起来的一代。他们当中没有人分家，有3人入赘他方，有5人招了上门女婿，成为女户主。其结果，在户数上没有增加。以上材料可见，分家只有3户，并分期进行，入赘有7人，招上门女婿的女性也有7人。

结语

以上我们分别介绍了日本上盐尻村和中国江村的家与家产的继承的事例。下面，我们需要就这两个事例的深层含意作以表述。

首先，在日本，ie是追求家业、家产、家名的永远存续的家族集团，这是日本传统家族的特点。同时，ie也是它所在的村落土地共同体的一个组成要素，如果说得形象一点，村落可以视为一个国家，因为它具有三权，即立法，行政和司法权；而ie是这个国家里边的法人集团，每个法人都有自己的家名、家产、家业和家格。正如上盐尻村的K家的事例，K家是

[参考资料] 4. 关于农村社会的家与家产的比较研究：以中日比较为中心

该村六大家族之一(Z家)的一个分支，在家产继承中，血缘关系并不重要，重要的是如何将家产永世存续下去，以维持K家的存在，从更广的意义上说是维护村落共同体的存在。为了家产(主要是土地)的永续，就需要家业(比如，农业)不断地再生产。家名是家产和家业的符号，作为与其他ie区别的标记。

其次，我们再看一下江村的事例。在这里，我们以第13组为事例，分析了作为居住单位的房屋的变化，并以两个典型的家族为对象，分析了居住单位扩大的过程。自古以来，江村地处水乡，在狭窄的土地面积上进行农业生产经营。农村居民的资产象征是房屋，随着农村工业化的发展、兼业收入的增加，3层楼房林立的村子也不罕见了。然而，解放前，江村农民大多是佃农，很少拥有自己的土地。对于他们来说，祖祖辈辈所居住的房屋就是他们的家产，那个时期的房屋具有很强的生活手段的色彩。由于经济基础的薄弱，导致了几个家系生活在同一个屋檐下。直到20世纪70年代，由于生活条件的逐步改善和外部环境的改进，使得组内的住宅地不断从小清河岸向内陆延伸。这就给家产的分割与继承创造了条件。但是，实际上，在第13组的多子家庭里，包括No.17在内仅有3户分家；其他的多子家庭，通过入赘他方的方式，仅保留一子继承家产，从而避免了分家。这与中国传统的多子家庭均分继承家产的观点是不符的。

那么，为什么在江村会存在这种现象呢？在这里引用李培林的一句话，应该是具有说服力的。他说：

"历来大家族规避和抵御衰落风险的根本办法，就是不'分家'，因为'分家'就意味着产权和社会关系的重组"(李培林2002：177)。

虽然，这是针对大家族的，而我们调查的第13组是普通村民，但也仍然存在同一个问题。这是因为中国的家(jia)，无论大小，都是以直系血缘关系的延续为主要目的，以家庭财产作为家的经济支持，当这个经济支持过于薄弱而无法支撑所有家系的时候，或者如果分割之后无法支撑新的家系的时候，那么，为了使得直系血缘能够延续下去，也就是为了"规避和抵御衰落风险"，其根本的应对策略就是不分家。在13组，村民们采用诸如"上门女婿" 这项民间"发明"的习俗，也是村民在实践中的产物，以此避免了分家。

表面上看，这种"不分家"形似日本的家产继承。实际上，二者却有着根本性的区别。那就是，为了延续血缘关系的江村的"不分家"和为了延续家产永续的日本的"ie制度"，存在着本质性的区别。

但是，有一点值得注意的是，由于受计划生育的影响，现今的江村家庭多是一子家庭，而且人口趋于减少，高龄化日趋严重。在这样的情况下，近年来，"两头婚"，即，新婚夫妇不与任何一方的父母同住，而是单独在外独立生活的现象日趋增加。在"两头婚"下，出生的孩子要冠上父母双方的姓氏，以此来表示这个新的家系是同时属于两个老的家系的。另一方面，作为家产的房屋，扩大了规模，为血缘关系的延续提供了雄厚的(如果和过去相比)经济基础，但是，原本作为被支持的血缘关系的家(jia)，却是处在一种岌岌可危的状态之中。对于这个问题，留作以后的课题，继续研究。

参考文献

常向群:《关系抑或礼尚往来?江村互惠、社会支持网和社会创造的研究》,中文简体版,毛明华译,沈阳:辽宁人民出版社,2009年。
Chang Xiangqun. 2010. *Guanxi or Li Shang Wanglai? – Reciprocity, Social Support Networks, & Social Creativity in a Chinese Village*. Taipei: Airiti Press)

中村哲:《近代东亚史像的重新构成》,东京:樱井书店,2000年 [Nakamura, T. 2000. *Recomposition of Eastern Asian Images in the Contemporary Era*. Tokyo: Sakurai Shoten].

费孝通:《江村经济》,北京:商务印书馆,2002年 [Fei Xiaotong. 2002. *Jiangcun Jingji* (in Chinese). Beijing: The Commercial Press.]

—— 1999年《乡土重建》,见《费孝通文集》第4卷,300–440页。北京:群言出版社 [1999. *Xiangtu Chongjian* [Reconstructing Rural China], in *Fei Xiaotong Wenji*, Vol. 4: 300–440. Beijing: Qunyan Press].

关口祐子等:《日本家族史》,千叶•松户:梓出版社,1989年[Sekiguchi, Y. et al. 1989. *History of Japanese Clans*. Chiba•Matsudo: Azusa Shuppansha].

大镰邦雄编:《日本与亚洲的农业村落-组织与职能》,大阪:清文堂,2009年 [Okama, K. Ed. 2009. *Japanese and Asian Agricultural Villages. Organizations and Functions*, Osaka: Seibundo].

中根千枝:《社会人类学-对亚洲诸社会的考察》,东京:东京大学出版社,1987年 [Nakane, C. 1987. *Social Anthropology – Investigation on Asian Societies*. Tokyo: Tokyo University Press].

和田传:《门和仓》全4卷,东京:家之光出版社,1972–74年 [Wada, D. 1972–74. *Mon and Kura, Vol. 1–4*. Tokyo: Ie-No-Hikari Press].

高永平:"传统财产继承背后的文化逻辑-家系主义":《社会学研究》,2006年第3期,167-187页 [Gao, Yongping. 2006. Zhongguo chuantong caichan jicheng beihou de wenhua luoji. Jiaxizhuyi', *Shehuixue Yanjiu* No. 3 (2006): 167–187].

滋贺秀三:《中国家族法论》,东京:弘文堂,1950年 [Shiga, S.1950. *Theories of Chinese Clan Laws*. Tokyo: Kobun Do].

长谷部弘:《近世日本的<家>的继承与相续》,见国方敬二等编著《家的存续战略与婚姻-日本,亚洲,欧洲》,52–70页,东京:刀水书房,2009a [Hasebe, H. 2009a. 'Devolution and inheritance of family in modern Japan' In K. Kunigata et al. eds. *Survival Strategies of Family and Marriage. Japan, Asia, Europe*. pp. 52–70. Tokyo: Tosui Shobo].

——《家业、家产、家名的继承与相续》,见长谷部弘等编著《近世日本域社会与共同性-近世上田领上盐尻村的综合研究之1》,255–269页。东京:刀水书房,2009b [Hasebe, H. 2009b. 'The Devolution and inheritance of family business, family property and family name'. In Hasebe, H. et al. eds. *Regional Society and Commonality in Modern Japan. No. 1 of Comprehensive Study of Ueda Clan in Kamishiojiri Village*. pp. 255–269. Tokyo: Tosui Shobo].

坂下明彦、朴红和市来正光:"中国苏南地区农业生产体制的变化和土地问题-江村追踪调查(1)":《农经论丛》2006年第62集: 15–24页[Sakashita, A., Park, H. and Ichiki, T. 2006. 'Change of agricultural production system and land problems in the Sunan area of China. a follow-up research of Kaixiangong Village (1)'. *Review of Agricultural Economics*. No. 62: 15–24].

朴红,市来正光和坂下明彦:"中国苏南地区农户就业结构的特点-第13组-江村追踪调查(3)":《农经论丛》2008年第63集: 71–84 [Park, H., Sakashita, A. and Ichiki, T. 2008. 'Plural activities of farm households in Sunan area of China – the monograph of the 13th farmers group: a follow-up Research of Kaixiangong Village (3)'. *Review of Agricultural Economics*. No. 63: 71–84].

Yan Yunxiang. 2003. *Private life under socialism—love, intimacy, and family change in a Chinese village*. Stanford, CT: Stanford University Press.

阎云翔:《私人生活的变革:一个中国村庄里的爱情、家庭与亲密关系》,中文简体版,龚小夏译,上海:上海书店出版社2009年。

王淮冰:《江村报告-一个了解中国农村的窗口》,北京: 人民出版社, 2004年 [Wang, Huaibing. 2004. *Jiangcun baogao. Yi ge liaojie Zhongguo de nongcun chuangkou* [A report from

Kaixiangong Village – a window from which to learn about rural China]. Beijing: People's Publishing House].

沈关宝：《一场静悄悄的革命》，昆明：云南人民出版社，1993年 [Shen, Guanbao. 1993. *Yi chang jingqiaoqiao de geming*. Kunming: Yunnan People's Publishing House].

李培林："巨变：村落的终结-都市里的村庄研究"：《中国社会科学》，2002年第1期，pp. 168–179 [Li, Peilin. 2002. 'Jubian: cunluo de zhongjie. Dushi li de cunzhuang yanjiu' [Great change: the end of the village – a study of villages in the city], *Zhongguo Shehui kexue*. No. 1: 168–179].

[中级读物]

中国的家与日本的家
China's family (*jia*) vs Japan's family (*ie*)

宣力(Lik Suen)编[1]

日本和中国在较早时期就已经形成了小农经济，可是，支撑小农经济的社会和经济组织并不相同：在日本，是以地缘组织为中心的村落共同体，在中国是以血缘关系结合成的同族集团。

日文中有"家(ie)"，中文里也有"家"(*jia*)。专家们一般认为，日本的家(*ie*)以农业生产为主要目的；中国的家(*jia*)以直系血缘关系的延续为主要目的。在财产继承方面，日本的家产由长子单独继承；在中国，原则上由兄弟们平均分配继承。不过，也有例外，李培林说过："历来大家族规避和抵御衰落风险的根本办法，就是不"分家"，因为"分家"就意味着产权和社会关系的重组"。

这篇报告的作者调查了中国江苏南部一个村子的情况，这个村子叫江村。研究的重点是房屋，由于土地少，房屋既是居住单位又是家产。通过研究这个村子29户的房屋数量和规模，作者发现，在近100年的时期内，江村房屋的变迁，也就是家产的分割是有限的。事实上，有不少多子家庭，只保留一子继承家产以外，其他的作为上门女婿，结婚离开，从而避免了分家。这种变化看起来日本的制度有些相似。

作者观察到，经济生活条件的逐步改善，外部环境的改进，个体家庭的经济积累的增长，导致家产的不断增加，给家产的平均分割和继承创造了条件。人们有条件分割家产，可是却没有分家。为什么会发生这种变化，真的是"为了规避和抵御衰落风险"吗？还是有别的外在原因？是一个很值得深入研究的现象。

标签：社科汉语　　级别：中级　　字数：566

词汇

形成	xíngchéng	to form; formation
地缘	dìyuán	geo-
血缘	xuèyuán	blood relation/kinship
集团	jítuán	group
村落	cūnluò	village
目的	mùdì	purpose; objective
直系	zhíxì	lineal

---

[1] 本文是作者根据发表在本刊的朴红(Hong Park)的原作：《关于农村社会的家与家产的比较研究 -- 以中日比较为中心》一文，节选、改编并改写为社科汉语的中级读物。谢谢宋连谊博士对"词汇"和"练习"部分提供的帮助。

[中级读物] 中国的家与日本的家 China's family (*jia*) vs Japan's family (*ie*)

延续	yánxù	continue; continuation
财产	cáichǎn	property
继承	jìchéng	inherit
单独	dāndú	alone
平均	píngjūn	average
分配	fēnpèi	allocation; distribution
例外	lìwài	exception
历来	lìlái	always
规避	guībì	avoid
抵御	dǐyù	resist
衰落	shuāiluò	fading; decline
风险	fēngxiǎn	risk
根本	gēnběn	fundamental
意味着	yìwèizhe	mean
重组	chóngzǔ	restructuring
调查	diàochá	Investigation
由于	yóuyú	due to; as a result of
数量	shùliàng	quantity
规模	guīmó	scale
既…又	jì... yòu	both … and …
变迁	biànqiān	change
分割	fēngē	segmentation
有限	yǒuxiàn	limited
避免	bìmiǎn	avoid
相似	xiāngsì	similar
观察	guānchá	observe; observation
积累	jīlěi	accumulation
导致	dǎozhì	result in; lead to
逐步	zhúbù	gradually
改善	gaishan	improve
增加	zēngjiā	increase
平均	píngjūn	average
创造	chuàngzào	create
却	què	yet; but
值得	zhídé	worth it
深入	shēnrù	thorough; in depth
现象	xiànxiàng	phenomenon

练习1 短语学习。请把下面的短语译成英文。

小农经济	同族集团	财产继承	居住单位
生活条件	不断增加	经济组织	一般认为
平均分配	通过研究	逐步改善	创造条件

并不相同	农业生产	根本办法	继承家产
外部环境	外在原因	血缘关系	主要目的
社会关系	上门女婿	个体家庭	值得研究

练习2 填空。

　　日本和中国在较____时期就已经形成了小农经济,可是,支撑小农经济的社会和经济组织并不____同:在日本,是以地缘组织为中心的村落共同体,在中国是____血缘关系结合成的同族集团。

　　专家们一般认为,日本的家(ie)以农业生产____主要目的;中国的家(jia)以直系血缘关系的延续为主要目的。

　　在财产继承____面,日本的家产由长子单独继承;在中国,原则____由兄弟们平均分配继承。

　　这篇报告的作____调查了中国江苏南部一个村子的情况,这个村子叫江村。研究的重____是房屋,由于土地少,房屋既是居住单位____是家产。通过研究这个村子29户的房屋数量和规模,作者发现,在近100年的时期____,江村房屋的变迁,也就是家产的分割是有限的。事实____,有不少多子家庭,只保留一子继承家产以外,其他的作为上门女婿,结婚离开,从而避免了____家。这种变化看起来日本的制度有些相似。

详细阅读:

　　请参考本期朴红原文:《关于农村社会的家与家产的比较研究 -- 以中日比较为中心》

[高级读物]

中日家庭的继承方式之异同
Family inheritance in China and Japan

宋连谊 (Lianyi Song) 编[1]

将中国与日本的农村家庭与家产加以比较是很有意思义的。日本的家(ie)是以农业生产为主要目的，它由家名、家产、家业和祖先祭祀等诸要素构成。日本的家产具有排他性(由长子单独继承)和永续性的特点；而中国的家(jia)是以直系血缘关系的延续为主要目的，作为其经济支持的家庭财产，在原则上是要在兄弟间均分继承的。当然，这种区分并非总是绝对的。

在日本和中国，较早时期就已经形成了小农经济。但是，作为支撑小农经济的社会、经济组织，在这两个国家都有不同的体现。在日本，体现为以地缘组织为中心的村落共同体，而在中国则体现为以血缘关系而结合成的同族集团。另一方面，如费孝通所指出的那样，以集镇为核心的经济网络对于中国小农经济也起到了很大的支持作用。

因此，在日本和中国，小农家庭的构成原理是不同的，并且随着家族的扩大，家产的继承方式也大不相同。本文先对中日两国间的家族、家产和继承的概念加以比较，之后通过选自两国的具体事例加以说明。

我们所选的具体事例分别是日本上盐尻村和中国江村的家与家产的继承的事例。

……

以下我们需要就这两个事例的深层含意加以表述。

首先，日本的ie是追求家业、家产、家名的永远存续的家族集团，这是日本传统家族的特点。同时，ie也是它所在的村落土地共同体的一个组成要素，如果说得形象一点，村落是一个国家，因为它具有三权，即立法，行政和司法权；而ie是这个国家里边的法人集团，每个法人都有自己的家名、家产和家业。为了家产(主要是土地)的永续，就需要家业(比如，农业)不断地再生产。家名是家产和家业的符号，作为与其他ie区别的标记。

其次，我们再看一下江村的事例。在这里，我们以第13组为事例，分析了作为居住单位的房屋的变化，并以两个典型的家族为对象分析了居住单位扩大的过程。江村地处水乡，自古以来在狭窄的土地面积上进行农业生产经营。农村居民的资产象征是房屋，随着农村工业化的发展，兼业收入的增加，3层楼房林立的村子也不罕见了。但是，解放前的江村农民大多是佃农，很少拥有自己的土地。对于他们来说，祖祖辈辈所居住的房屋就是他们的家产，这个时期的房屋具有很强的生活手段的色彩。由于经济基

---

[1]. 本文是作者根据发表在本刊的朴红(Hong Park)的原作：《关于农村社会的家与家产的比较研究 -- 以中日比较为中心》一文，节选、改编并改写为社科汉语的高级读物。

础的薄弱，导致了几个家系生活在同一个屋檐下。直到20世纪70年代，由于生活条件的逐步改善和外部环境的改进，使得组内的住宅地不断从小清河岸向内陆延伸。这就为家产的分割与继承创造了条件。但是，实际上在13组的多子家庭里，包括第17户在内仅有3户分家，其他的家庭都保留一子继承家产，其他入婿他方，避免了分家。这与中国传统的多子家庭均分继承家产的观点是不符的。

那么，为什么在江村会存在这种现象呢？在这里引用李培林的一句话，应该是具有说服性的："历来大家族规避和抵御衰落风险的根本办法，就是不"分家"，因为"分家"就意味着产权和社会关系的重组"。虽然这是针对大家族的，而我们调查的13组是普通村民，但也仍然存在同一个问题。这是因为中国的家，无论大小，是以直系血缘关系的延续为主要目的，它以家庭财产作为其经济支持，当这个经济支持过于薄弱无法支撑所有家系的时候，或者如果分割之后无法支撑新的家系的时候，那么，为了使得直系血缘能够延续下去，也就是为了"规避和抵御衰落风险"，其根本办法就是不分家。在13组，村民们采用如"上门女婿" 这项民间"发明"的习俗，也是村民在实践中的产物，来避免了分家。

这种"不分家"形似日本的家产继承。但是，它们有着根本性的区别。即，为了延续血缘关系的江村的"不分家"和为了延续家产永续的日本的"ie制度"存在着本质性的区别。

但是，有一点值得注意的是，由于受计划生育的影响，现今的江村家庭多是一子家庭，而且人口趋于减少，高龄化日趋严重。在这样的情况下，新婚夫妇不与任何一方的父母同住，而是单独在外独立生活。而且，出生的孩子要冠上父母双方的姓氏，以此来表示这个新的家系是同时属于两个老的家系的。另一方面，作为家产的房屋扩大了规模，为血缘关系的延续提供了(与过去相比)雄厚的经济基础，但是，原本作为被支持的血缘关系—家，却是处在一种岌岌可危的状态。对于这个问题，留作以后的课题继续研究。

注释

上盐尻村：日本长野县的一个村子。 [尻 kāo]
江村：江苏省吴江县市开弦弓村，费孝通《江村经济》一书中的研究以这个村子为基地。

词汇

继承	jìchéng	inheritance
异同	yìtóng	similarities and differences
祖先	zǔxiān	ancestors
祭祀	jìsì	worship ceremony
诸	zhū	various
要素	yàosù	elements; essential factor
排他性	páitāxìng	exclusivity

[高级读物] 中日家庭的继承方式之异同 Family inheritance in China and Japan

永续性	yǒngxù xìng	sustainability
血缘	xiěyuán	blood kinship
均分	jūn fēn	sharing (equally)
绝对	juéduì	absolute(ly)
支撑	zhīchēng	support
地缘	dìyuán	geo; geopolitical
村落	cūnluò	villages
集镇	jízhèn	town
深层	shēncéng	deep level
含意	hányì	meaning
表述	biǎoshù	statement; expression
立法	lìfǎ	legislation
司法	sīfǎ	judicial
法人	fǎrén	legal person/representative
狭窄	xiázhǎi	narrow
兼业	jiān yè	by-business
罕见	hǎnjiàn	rare
佃农	diànnóng	tenant farmer
薄弱	bóruò	weak
屋檐	wūyán	eaves
延伸	yánshēn	extension
分割	fēngē	split, division
规避	guībì	avoid; avoidance
抵御	dǐyù	resist
衰落	shuāiluò	decline
延续	yánxù	continuation
形似	xíngsì	similar in appearance
趋于	qū yú	tends to
冠(上)	guān (shàng)	to crown (with)
雄厚	xiónghòu	strong, abundant

练习1：**短语学习**。请把下面的短语译成英文。

祖先祭祀	加以说明	楼房林立	外部环境
趋于减少	血缘关系	深层含意	经济基础
规避风险	日趋严重	小农经济	组成要素
大不相同	根本办法	扩大规模	具体事例
自古以来	逐步改善	上门女婿	岌岌可危

练习2： 句型学习。请试着用这些句型造句，注意口语和书面语的一些用词差别。

　　日本和中国在较____时期就已经形成了小农经济，可是，支撑小农经济的社会和经济组织并不____同：在日本，是以地缘组织为中心的村落共同体，在中国是____血缘关系结合成的同族集团。

　　专家们一般认为，日本的家(*ie*)以农业生产____主要目的；中国的家(*jia*)以直系血缘关系的延续为主要目的。

　　在财产继承____面，日本的家产由长子单独继承；在中国，原则____由兄弟们平均分配继承。

　　这篇报告的作____调查了中国江苏南部一个村子的情况，这个村子叫江村。研究的重____是房屋，由于土地少，房屋既是居住单位____是家产。通过研究这个村子29户的房屋数量和规模，作者发现，在近100年的时期____，江村房屋的变迁，也就是家产的分割是有限的。事实____，有不少多子家庭，只保留一子继承家产以外，其他的作为上门女婿，结婚离开，从而避免了____家。这种变化看起来日本的制度有些相似。

练习3： 作文

　　试比较两个家庭的特点(如：习俗、子女教育、家务、财务收支的支配、亲属关系等)。可以是不同国家、民族或地区的家庭，也可以是你熟悉的两个家庭。

第二部分 翻译
Part II: Translation

1. 社会科学中的英译汉问题
English-Chinese translation in social sciences

宋连谊 (Lianyi Song)

在本期的社科汉语的翻译栏目中，我们结合在本期发表的书评[1]选择介绍三个方面的问题：方言/外来语，社科词汇/词组/短语和翻译难句。

一、方言/外来语(dialect / loan words)

因所选文章涉及饮食，我们就从中选出几个跟饮食相关的词语加以介绍。

- *yum cha / yum-cha / yumcha* [广东话] 饮茶, (in Cantonese Chinese literally means 'drink tea')我们知道"饮"在普通话里就是"喝"的意思，"饮茶"就是"喝茶"。但是"饮"在普通话里只用于一些固定词语或习惯用语里，如：饮料(drinks)、饮水机(water dispenser)、饮水思源(When one drinks water, one must not forget where it comes from; grateful)。类似的例子还有，在广东话里，食、话、行分别是普通话里的吃、说、走，等。学者考证认为这是因为广东话里仍保留着古汉语中的这些词的动词用法。
- *dim sum* [广东话] 点心(a style of Cantonese bite-sized food served in small steamer baskets or plates).
- *ramen* [日文] 日本拉面(a Japanese noodle soup dish served in a meat or fish-based broth with different flavoured material)
- *tempura* [日文]：裹上淀粉或面粉浆油炸的海产或蔬(a Japanese dish of seafood or vegetables that have been battered and deep fried)。在日文中，*tempura*的汉字写法是"天麩羅"或"天婦羅"。中文的简繁体字分别写作天麸罗/天麩羅或天妇罗/天婦羅，以天妇罗/天婦羅更为常见。

二、社科词汇/词组/短语(phrases/glossaries)

每个专业都有其特定的词语或表述方式，社会科学领域则更是有许多专业术语。下面是我们从文章中选出几个例子。

---

[1]. 基于本期发表的陈奕麟撰写的书评：《中餐的全球化》吴燕和、张展鸿(合编)檀香山：夏威夷大学出版社，2002年，216页(*The Globalization of Chinese Food*. Edited by David Y.H. Wu and Sidney C..H. Cheung. Honolulu, HI: University of Hawaii Press, 2002. 216pp)，全球中国比较研究会的志愿研究和翻译人员张昕博士(中国山西省电力行业协会高级经济师及资讯经理)和裴可诗女士(Costanza Pernigotti 全球中国比较研究会和中国浙江传媒学院研究人员)，在翻译此书评过程中整理出了基本素材，由已故全球中国比较研究会行政经理和执行编辑余小菠最后编校，在此一并致谢。

- an internally bound entity 一种内部绑定的实体
- intercultural influences / intercultural relations
  跨文化影响/跨文化关系
- markers and breakers of cultural barriers
  文化藩篱的标识者和破冰者
- ethnic identity 族群认同；民族认同
- 'Cuisines' are constructed tastes "佳肴"是人为建构的口味
- manifestations of class 阶级的表现；(社会)阶层的体现
- cultural authenticity 文化的真伪；文化的真实性
- everyday social interaction 日常生活社会互动
- institutionalized (even class) practices 制度化(甚至阶级)的做法；约定俗成(甚至体现社会阶层)的做法

从上面的译文中我们可以看到，一些词语可能会有不同的中文译文。我们在做翻译时，常常遇到字面意思和引申意义之间的差异，这是因为一些词语在没有上下文(context)的情形中，可能会是一个或多个意思，但是在具体的语境中，其意思则可能较为具体，可能不是通常字面呈现的意思。

在以上的几个词句中，我们选出几个略加深入探讨。

Class可以是"阶级"的意思，但也可以是"阶层"或"等级"的意思。说到饮食习惯，我们会听到或看到社会调查中提及：middle class(中产阶级)家庭的饮食习惯呈现某种特点等。我们也知道社会可以分为不同的阶层，而不一定是阶级。因此，manifestations of class 可以被译为"阶级的表现"，也可译为"(社会)阶层的体现"。

同样institutionalized (even class) practices 的译文可以按字面译为"制度化(甚至阶级)的做法"。这里，"制度化的做法"尚且可以接受，但说"阶级的做法"似不太符合习惯用法。我们可以考虑译为"约定俗成(甚至体现社会阶层)的做法"。

再举一例。"Cuisines" are constructed tastes. 我们知道cuisine可以有多种意思：菜系、菜肴、美食、烹饪等。但在这篇文章中，cuisine 不仅用了复数，而且放在了括号里，那么根据上下文，"佳肴"可能是个比较好的译文，因为这里谈的是某种cuisine 可能是一种供"他人"消费而人为制造出来的味道。至于 construct/constructed 一词，可以译为"构建/构建的"。但什么是"人为构建的口味"呢？对普通的中文读者也许并不清楚。然而，"构建"一词所表达的概念似乎越来越被人们接受。也许随着"构建"一词的广泛使用，"构建的口味"将是普遍接受的表述。

三、翻译难句(difficult sentences)

我们在此挑选了几句我们认为在这篇书评的翻译中较费心思的译文。读者不妨先试着译一下下面的句子，然后再看参考译文，对参考译文加以评判，思考一下如何可以翻译得更准确和更得体。请注意，以下参考译文仅供参考，并不是完美的译法。

1) As historians, Dai and Ismail steer relatively clear of culture, given the explicit intercultural relations.
2) Their analyses seem to suggest a more subtle and significant relevance of social and institutional factors that neither would overtly admit.
3) The difference between food and cuisine is largely one between taste as literal meaning and institutional phenomenon.
4) Some are clear fabrications; some others have evolved and become institutions in their own right, to a point where beef noodles are now re-exported to Beijing as "Taiwanese" beef noodles.

参考中文译文如下:
1) 作为历史学家,戴一峰和伊斯梅尔都因为不同的文化之间有着明显的关联而在某种程度上回避了"文化"这个概念。
2) 他们分析的结果似乎表明社会因素和制度因素与饮食之间有着不可忽视的细微相关性,但两者都未明确地承认这一点。
3) 饭菜与菜系之间的区别主要在于一般意义上的"味道"与既定文化现象之间的不同。
4) 事实上,有些菜肴显然是新产品,有些却已经由原有菜肴演变为自成一家的食品,比如从台湾重新引进到北京的牛肉面被称为"台湾"牛肉面。

如你在翻译中有什么意见或心得,请告诉我们。建议将上述译法与该书评译者的译法之异同,思考一下是什么原因导致了社会科学工作者与专业翻译对同一文本的不同译法。

在结束本专栏的时候,我想总结两点。一是社科汉语的一些词语,特别是从英文或其他语言翻译成汉语时使用的一些汉语,可能不是我们生活中常用或熟悉的词义或用法。第二,英文中也有许多不同作者/学者创造出来的新词、概念和与众不同的表达方式,而这些常常没有现成的或自然贴切的汉语词语表达,或许译者会有意识地去反映原文的独特表述,译文中难免有一些生涩或别扭的词语和句子。也许一些"勉为其难"的中文译文会被修正,而有些也许就"一回生,二回熟"被人们接受了。我相信,在不断的交流和探讨过程中,中文在应对与世界交流和沟通的需求方面一定有强大的生命力。

[参考资料]

书评

书评作者：陈奕麟[1]

The Globalization of Chinese Food. Edited by David Y.H. Wu and Sidney C.H. Cheung. Honolulu, HI: University of Hawaii Press, 2002. 216pp (《中餐的全球化》吴燕和、张展鸿(合编)檀香山：夏威夷大学出版社，2002年，216页)

    这一部由香港中文大学的人类学家吴燕和与张展鸿共同编纂的论文集，于2002年出版。虽然它不是一本新书，但现已成为一部关于全球化和餐饮方面的基本参考著作。长期以来，中餐的全球化发展未曾得到应有的重视，但目前它似乎成为一个非常重要的研究主题。虽然人们把麦当劳模式看作食品全球化的范式，但事实上，麦当劳并非第一种全球化的餐饮或菜肴。从表面上看，中餐主要是是近年来随着中国人移民海外而走向世界的。其实，中餐全球化的历史更为久远。可能有人会说，各个地方的传统菜肴本质上都具有全球性。随着新大陆的香料和蔬菜的传入，旧大陆各地的美食得到了彻底的改变，其历史可追溯到殖民地贸易时期。然而，此书的主旨并不是讨论"全球化"的意义。在人类学界和较广泛的学术界中，全球化这个词事实上是指当前的全球（亦称跨国）资本主义。我认为，这本书不仅仅是将中餐作为一种传统功能、一种内部绑定的实体，而是从全球化的角度试图了解中餐在跨文化影响下的变化，同时还强调中餐的全球化历史比其他地区的菜肴的全球化的历史更长。严格地说，此书并不是重新评估麦当劳模式（跨国资本主义）的全球标准化的过程的意义。

    本书作者除了具有对中国多样文化背景下的饮食文化敏感的社会科学家，同时也有食物研究方面的专家。但本书论文的重点不是在美食学上（美食学最近成为大多数非学术研究及会议中的热门话题，尤其是在中国的文化背景下）。与此相反，本书中的论文强调中餐的变化和持续，而这种功能上的改变是由于它与不同民族文化之间不断地互动带来的。例如，戴一峰(音)的论文描述了清代中国东南部的海外贸易对中餐的影响，他以海参贸易为个案，证明这种食品的贸易促成了中国饮食文化在海外的发展；同样，默罕默德·尤斯福·伊斯梅尔(Mohamed Yusoff Ismail)的论文探讨了产地于[马来西亚]沙巴的伊大安族的燕窝成为粤菜燕窝汤推广中的一种因素；吴燕和把海外中餐在新几内亚的发展与其在夏威夷的发展作比较；庄孔昭的论文则涉及北京新疆街上的饭店，尤其侧重于少数民族（非汉族）的菜肴。

---

[1]. 陈奕麟，台湾中央研究院民族学研究所研究员。详见"作者简介"。
    中文翻译：张昕博士，全球中国比较研究会研究人员；中国山西省电力行业协会高级经济师及资讯经理；裴可诗(Costanza Pernigotti)女士，全球中国比较研究会助理翻译；英国伦敦大学亚非学院汉学硕士研究生。
    中文编校：余逍波，全球中国比较研究会 行政经理和执行编辑。

吴燕和的另一篇论文对在台湾的粤菜和在香港的台湾菜进行了对比研究，其分析研究拓展到两个大中华地区的两种汉族地方菜肴，以辨别两种菜肴在烹饪及食用方式上的不同；而张展鸿则仅以香港饮食文化为例，描述香港不同餐厅美食各种各样的味道及意义，如新式粤菜、客家菜、饮茶文化、茶餐厅、社区聚餐会、自助餐等。在这方面，吴燕和及张展鸿都指出，不同味道和不同菜肴其实是代表不同文化的标识符(或张的用语"文化的隐喻")，而且文化似乎与味道集成。路易·奥古斯丁-吉恩(Louis Augustin-Jean)的研究表明，在澳门的中国人和葡萄牙人的饮食习惯及消费趋向，更明显地显示了澳门人认同的普遍性。谭少薇(Maria Siumi Tam)研究了在澳大利亚传播的饮茶文化(yumcha culture)，其研究的重点不是饮茶的味道，而是能够激励住在国际性都市悉尼的香港移民的饮茶的作用。本书的最后三篇论文分别由陈玉兰(Mely G. Tan)、张展鸿及多琳·费尔南德斯(Doreen Fernandez)撰写，他们的文章聚焦于非中国文化的背景下中餐的发展。陈玉兰的论文对印尼家常的与餐厅的中国烹饪进行对比分析；张展鸿的论文追踪研究了在横滨唐人街粤菜的演变；费尔南德斯则强调了中国菜与菲律宾菜的互相影响，同时提出，这两种饮食方式在菲律宾产生了新的混合口味和菜肴。

总之，本书中的文章对餐饮在不同的中国文化背景下，从不同的角度提供了全方位的调查报告，展示出食品的一种全球化（跨文化）的功能。这与吴燕和与陈志明共同编辑的《中国饮食文化在亚洲的不断变化》(*The Changing Chinese Foodways in Asia*)一书(香港：中文大学出版社，2001年)提出的视角相互补。悉尼·明茨(Sidney W. Mintz)在序言中指出，出版这本书是基于正在进行的饮食人类学的研究，而吴燕和与张展鸿在本书的前言中把研究重点放在食品的全球化上，强调食品的"文化藩篱的标识者和破冰者"的重要性。食品被作为"族群认同的标识者和破冰者"的概念提供了一个理论架构，诠释了全球化如何通过制度化菜肴、餐厅文化及烹饪口味的演变而扩大了现代消费模式。

作为一本涵盖中餐或菜肴的诸多方面的文集，从文献角度看，本书的信息含量也很有价值。值得注意的是，虽然本书的重点放在族群认同上，但并不是所有的作者都认同食品代表文化这一观点。作为历史学家，戴一峰和伊斯梅尔，在明确提到跨文化关系时，都回避了"文化"这个概念。与奥古斯丁·吉恩和谭少薇赞成文化认同相似，他们对深层的社区更感兴趣，而非强调食物的味道或风味本身。所不同的是，谭少薇和费尔南德斯似乎更专注于食物的味道或风味本身，而较少涉及社会层面。吴燕和与张展鸿则更加关注食物的味道与不断变化的烹饪之间的关联，虽然他们把食品看作一种认同及一种隐喻，但他们分析的结果似乎表明饮食变化与社会和制度因素的细微的相关性，但并未明示二者的作用。

饮食与菜肴之间的区别主要在于味道，与制度现象关系不大。在实践中，它们有重叠的部分，但它们在研究中是两个不同的分析要素。正如我们日常家庭烹饪不一定与餐馆的菜肴相同，我们通常也认为前者更是后者的基础。餐馆的菜肴有所不同，它取决于消费者，从这点上来讲，菜肴的消费更受社会的影响，如阶层的影响，而不是简简单单的味道本身。吴

[参考资料] 书评：*The Globalization of Chinese Food*

燕和研究的是在台湾流行的粤菜以及在香港流行的台湾菜，而张展鸿对在香港流行的客家菜和在横滨流行的粤菜感兴趣，他们所讨论的"菜肴"都是一种是供"他人"消费的人为建构的味道，因此是一种发明。还有很多类似的例子，比如在台湾的蒙古烤肉和北方牛肉面、在香港的沪菜，但很多中国人并没有意识到这些都是"发明的"菜肴。事实上，有些菜肴显然是仿造品，有些却已经发展成为制度化的食品，比如从台湾重新引进到北京的"北方牛肉面"被称为"台湾"牛肉面。更重要的是，上述的现象都是阶层的表现。其实，创造出的新菜肴很有可能被作为大众菜肴。然而，这并不意味着一种模仿的菜肴完全不能完善自己而成为一种具有文化真实性的新菜肴。虽然我们把日本拉面(ramen)和天妇罗(tempura)看成传统的日本料理，但日本人自己也知道，这些菜是来自中国或荷兰，只是后来自己发展创造除了新的特征。作为广东人，我在粤菜酒楼吃烧鸭和点心主要是因为这些菜在家里很难做，而非辨别真伪性或文化的原因。换句话说，首先必须把任何餐厅看作是一个味道的制度化，而不仅仅按照味道本身或文化本身。同时，在新几内亚、印尼和菲律宾等国，中国菜肴在进化的过程中与本地菜肴融合，并不奇怪。以我本人对这些社会的了解，这些地区来自海外的菜肴是通过日常的社会互动而持续进化且影响了本地菜肴，而不是由于独特的餐饮文化的影响所致。总之，我认为，如果把食品和菜肴的更复杂的概念作为制度化（甚至阶级）的实践的后果，我们便能够更清晰地了解食品的味道及其全球化的含义。

哲学的翻译和翻译的哲学
谈社会科学中的英汉翻译的问题

冯东宁本期的两篇书评向读者展现了纳维尔的《礼仪与敬意：在比较的语境中延伸中国哲学》和钟鸣旦的《礼仪的交织明末清初中欧文化交流中的丧葬礼》的要旨和评价，因此便涉及到中国哲学思想和西方宗教文本的翻译。虽然儒学和宗教的翻译渊源已久，然而无论是在翻译理论还是翻译实践中有待探讨的问题，不仅没有因为全球化而减弱，而且问题更加深入化和多样化。在此我们就本刊书评的翻译来探讨以下几个方面的问题：哲学性概念的翻译，术语的翻译，以及结合复杂句谈谈自译的问题。

一、概念的翻译(translation of philosophical concepts)

孔子曰已成为英语中表达智慧的前置用语，虽然这一用法略带诙谐的成分，但由此亦可见儒学对世界语言文化和哲学的影响非同一般。然而，从翻译的角度来看，读者都知道孔子曰与孔子说的表达法在文体上和语义上可以说是不可同日而语,其中文化内涵的差异这里且不赘述。

孔子思想在中国文化土壤中生成，其中很多概念有其文化和历史的独特性；加上中西英语言的差异，都给都给翻译带来了一定的难度，对翻译的准确度带来了挑战。首先，孔子思想中的仁，译文本身是回译，所以就将原文的自然而然地就译成了仁，况且有《论语》可以参阅。然而读者可以看到，这里仁有两个译法，和。试想一下，如果不是有《论语》可做参考，有多少译者会将这两个词译为仁呢？又有多少译者会将柏拉图的或译为仁之理念或仁之形式呢？即使译成仁，这也是有待商榷的。而这仅仅是事物的一面，这里我们要重点考虑的是如何将中国的哲学概念恰当地译成英文。将仁译为很可能是受了西方哲学概念的影响或启发，然而孔子的仁与西方哲学中的是有差异的，并不是对等的。西方哲学中的概念是抽象并且是模糊的，而孔子的仁则是有其具体内容的，是一个相对明确的概念。

仁的语义定义在英文中的表达可谓广泛，其中主要的包括等等，都似乎沾边，也都不尽然，且没有哪一个可以传递仁的要素，例如，孝(、悌(、忠(、恕(、礼(、知(、勇(、恭(、宽(、信(、敏(、惠(等。

在这种文化和哲学概念的翻译中，两种语言一对一的对等是极难达到的，尤其考虑到仁的概念在孔子思想中的核心地位。因此在翻译这类文章时，音译加脚注的方法可作为一个翻译策略来使用，可用拼音ren加上仁的定义和基本要素。我们看到原文中保留了仁Ren这一词，这对专门从事中国研究的学者可能不是问题，可这对一些不懂中文的读者来说，还不够透明，不妨加一脚注使其更加清楚明了，这样也有助于在英语中建构ren的概念及定义，而最终成为英语的新词。当然在译文允许的情况下也可使用文中诠释的策略，这些策略同样适用于其它哲学概念的翻译。

另外，概念的翻译并不是一成不变的，例如，在鲁迅的作品中，仁被译为，这在众多词语中是一个大词，比起其它同义词来说它显得抽象，很符合故事的内涵,体现了文学的批评性。需要脚注的另一个原因就是有些概念是流动的,还以仁为例,春秋战国时期到现代社会仁的概念也是在不断的演变中,这里就不一一累述。

二、术语的翻译(translation of terminologies)

在翻译哲学文本时,术语的翻译尤为重要,特别是英译汉,英语中很多术语都是使用普通单词或由普通单词构成的,而中文中术语化的倾向很强。让我们看看译文中的一个例子:

> 纳维尔认为自己不是一个汉学家,而是一个建构和系统哲学家,他在其富有洞见的哲学建构中对该语言问题亦进行了讨论。

每个学科领域的术语使用都不尽相同,哲学和宗教亦不例外。我们知道,和在通常的情况下可译为建设性和系统性,但在哲学领域里,这是哲学的两个分支或方法,所以译为建构哲学和系统哲学有时亦被译为体系哲学比较准确,也能体现其术语性。另外我们在看一下两个似乎相近而又不尽然的例子:

> 让我们看看两个不同的译法:
>> 最后,重要的是要有一个建设性的人生哲学。
>> 最后,拥有一个积极的人生观是很重要的。

第一个翻译显然是过于刻板,但意思的传递还是基本到位的,第二个翻译就对原文吃得较透彻,译文较易理解,认识到是一个日常用语,并非术语。这里我们要说的是,翻译同一个词对语境的考虑是翻译的重要一环,而原文的用意也应适当纳入考虑的范围,这在翻译哲学文本时尤为重要。在翻译中简单地语言代码进行转换,会造成译文晦涩难懂、文不达意,致以造成理解错误,带来无法估量的后果,希望以后有机会能继续深入探讨这一问题。

另一个例子是对及的翻译,虽然可以译为中国学或中国学学者,但考虑这一词汇的特殊性,我们还是将其译为汉学或汉学家为妥,因为这一词多指中国语言文学或中国古代历史和文化的研究和这领域的学者,这有便于区别研究现当代中国问题的学科,也就是中国学。尤其考虑到后来出现的有别于,将译为汉学也赋予译为后汉学,或新汉学的中文译文以连贯性和互文性。

三、自译的问题在

此我们可以告诉读者,这两篇书评是作者自译而成。自译是当前翻译学术界一个方兴未艾的研究领域,自译在翻译当中是一个特殊领域,无论在翻译实践还是翻译理论中一直备受争议。我们知道自译和他译的不同之处是在于创作主体以及翻译主体为同一体,作者在对自己著作进行翻译时所用策略与他译有所不同,可以说使用的翻译策略更为多样化和有机化,从而增强了译文的延展性。所以自译对翻译理论及模式的研究以及微观翻译策略的应用都带来了挑战。在自译中,译者可以通过比较,在语言内部进行较大程度的探索和对比,在双语境中寻找更佳的表达形式,建立一种自我对话的模式,从而达到信息量的最大化,最终将译文的内在涵义延伸并发展。当然自译也并非是绝对理想的方式,这可能要因人因文而异。我们希望读者能在以下几个例子中体会以上的论述。

例一

*Ritual and Deference: Extending Chinese Philosophy in a Comparative Context*纳维尔的新书《礼仪与敬意:在比较的语境中延伸中国哲学》将吸引探讨儒学智慧与西方哲学架起沟通对话之桥的当代哲学家和中国学者。这本书是作者一系列的讲座与文章的合集,呈现比较哲学研究的思考。

例二

钟鸣旦教授在《礼仪的交织:明末清初中欧文化交流中的丧葬礼》一书中呈现了自世纪早期转型时期的中国经历的中西文化交流与碰撞,这样的文化碰撞特别体现在早期传教士和信教人士的丧葬礼中。

例三

继续这个编织机的隐喻,本书将明末到清代中国的不同文本编织到当时接受了天主教教义的人群的葬礼的渐变叙述中。

从以上例子我们可以看到在翻译较为复杂的社科和哲学文本时自译的一些策略的特点,尤其在句子结构方面有其独特的性质,很值得我们进行深入地研究和探讨,这不但使翻译理论问题化,而且将给翻译研究和实践注入新的能量。在本译评结束前读者可能会问,题目中提到的翻译哲学在哪儿? 当然翻译哲学是一个精深的课题,以上三点是否对翻译哲学的建构有所启示呢? 我们是否能从中得到些启发呢? 这还待有我们继续探讨。

[参考资料]

书评

书评作者：余华

Robert C. Neville. New York: State University of New York Press, 2008. 202 pp. £46.50 (cloth). [《礼仪与敬意：在比较的语境中延伸中国哲学》，纳维尔著，纽约：纽约州立大学出版社，2008年版，202页，£46.50 (精装)][1]

  纳维尔的书《礼仪与敬意：在比较的语境中延伸中国哲学》将吸引探讨儒学智慧与西方哲学架起沟通对话之桥的当代哲学家和中国学学者。这本书是作者一系列的讲座与文章的合集，呈现比较哲学研究的思考。
  "礼仪"与"敬意"这一对词是从赫伯特·芬格莱特的《孔子：作为圣人的凡人》中的仁与礼中衍生而来，他的作品将很多分析传统中的细分哲学家带到对儒家哲学的阐释中。与礼结合的"敬意"的概念对理解儒家的"仁"起着关键作用。子曰："人而不仁，如礼何？人而不仁，如乐何？"纳维尔在芬格莱特对儒家哲学阐释的基础上，强调了礼与仁，在一个全球化和多元文化语境中展望了对美好生活的愿景，他写道：

> "儒学赋予了中国传统的美好生活以非常丰富的概念，其最大的价值在于礼仪生活。这种礼仪生活为充分实现从家庭的亲密性到政府的公共职责，从纯粹的对人的关爱到伟大艺术和高度文明创造了充分条件。"(25页)

  总的来说，纳维尔将儒教理解为仍然存在在人们生活中的传统并将其与西方哲学的当代问题对话，特别是通过形而上的阐释来对话。该书的第五章和第六章主要都是通过追溯传统和当代的哲学话语来讨论西方哲学与儒家哲学对话的可能性和必要性。纳维尔认为"中国传统是事实/价值两分视角的有效解药。"(93页)实际上孔子自己也会避免谈论形而上的问题，但是在今天的语境里，若没有形而上的语言，礼仪的重要性也无法清晰表达。在这个问题上，霍尔与安乐哲(1998)认为礼是"中国文化的纹理，礼进而也定义了社会政治秩序。中国文化正是通过礼的语言来表达的。"当礼本身就是一种语言来表达文化的时候，什么样的语言能恰如其分地表达礼呢？如果我们追溯到中国古代书写礼的文本，比如《仪礼》(479B.C.)或《朱熹家礼》(1200)，不难发现这些经典礼文本中的语言类似于一种"富有细节的舞台脚本"(Kern 2000:52)或类似于当代民族志书写语言中的"深描"。将古代礼文本带入对当代生活中的礼文化实践的阐释已然是延续了千年的书写传统(de Pee 2007:2)。纳维尔认为自己不是一个汉学家，而是一个建构和系统哲学家(xii)，他在其富有洞见的哲学建构中对该语言问题亦进行了讨论。这个语言问题也在他富有洞见的哲学建构中得到了大量讨论。纳维尔旁征博引，从中国

---

[1]. 此书评曾经发表于《比较：中国比较研究书评》(CCPBR) 2011年刊《刊号：ISSN: 2045-0680》，该刊于2015年将停刊。部分书评将被挑选出来根据没期的主题而定，重新发表在《中国比较研究》。中译稿为作者自译。

古代的儒家哲学家荀子到美国实用主义哲学家查尔斯·皮尔斯，从过程论哲学家阿尔弗雷德·怀特赫德。纳维尔将皮尔斯的语用符号学理论带入对荀子的"礼"的概念的阐释中，他说，"荀子对生活习俗的理解就是我们现在所称的"礼"……这个礼的概念几乎与查尔斯·皮尔斯的符号学或符号行为理论是差不多一致的。"(18-19)纳维尔将荀子的"礼"理解为习俗的符号，几乎渗透到了社会、政治、甚至私人生活的方方面面。这些思想在第3、8、12章中有明显的体现。

这本书的读者对象也包括致力于将儒学智慧运用到公共生活中去的公共知识分子。纳维尔对美国基督教徒以宗教理念和社会正义发起的对穆斯林国家的战争进行了批判，指出其真正的动因是"为了攫取石油而引发的西方统治"(110页)。纳维尔还试图从儒家的礼仪和以仁为中心的价值观众寻求现代社会体系导致的不公平与罪恶，他写道，"礼仪使得文明的生活成为可能，没有好的礼，无论人们的目的或愿望是如何美好，文明的生活都是不可能的。"(103页)进而弗洛伊德的视角被用来理解礼的善处，理解礼的习得过程和仁义是如何无意识中影响到人们的日常生活的，"这样礼就不会误导甚至背叛处于意识领域的重要目的。"(102页)

除此之外，在本书的第2、4、9、10、11章，和谐的形成、道家的形而上、儒教与基督教的相互影响与发展、对神圣、客观主义、标准比较等问题都以跨文化的视角得到充分的讨论，也讨论了诸如战争与和平、宗教冲突、民主、贫富分化等全球问题。

纳维尔将中国哲学与西方哲学的进行了学理上的比较，并将其置于更宽广的全球问题的思考中。作者实际上在展开一场基于多元文化资源上的东西哲学对话。这本书为读者提供了一个批判的视角来看曾经将非西方的"他者"哲学传统排斥在哲学范畴之外的固定界限，为我们带来儒学礼与仁的智慧与价值的哲学思考。

参考书目

De Pee, Christian. 2007. *The Writing of Wedding in Middle-Period China: Text and Ritual Practice in the Eighth through Fourteenth Centuries*. Albany: State University of New York Press.

Fingarette, Herbert. 1972. *Confucius: The Secular as Sacred*. New York, NY: Harper and Row

Hall, David & Ames, Roger. 1998. *Thinking from the Han, Self, Truth, Transcendence in Chinese and Western Culture*. Albany, NY: State University of New York Press.

Kern, Martin. 2000. 'Shijing Songs as Performance Texts: A Case Study of "Chu ci" ("Thorny Caltrop").' *Early China* (25): 49-111.

Slingerland, Edward. 2003. (Trans.) *Confucius Analects with Selections from Traditional Commentaries*. Indianapolis, Cambridge: Hackett Publishing Company, Inc.

书评作者：余华

Nicolas Standaert. Seattle & London: University of Washington Press, 2008, 328. $30 (《礼仪的交织:明末清初中欧文化交流中的丧葬礼》，钟鸣旦著，西雅图&伦敦：华盛顿出版社，2008年版，328页)[2]

  钟鸣旦教授在《礼仪的交织：明末清初中欧文化交流中的丧葬礼》一书中呈现了自17世纪早期转型时期的中国经历的中西文化交流与碰撞，这样的文化碰撞特别体现在早期传教士和信教人士的丧葬礼中。《仪礼》的冠、昏、丧、祭、乡、相见六礼中，最重要的是丧礼，所谓"夫礼始于冠，本于昏，重于丧、祭。"华生与罗斯基(1988: ix)也曾说，"婚礼和葬礼是定义中国文化身份的核心。"在这本书中，葬礼"提供了一个礼仪语境，在这个语境中，中国基督教徒的中间人身份被构建和表达。"(230页)本书通过呈现传教士和中国教徒的葬礼实践文本来探讨中西文化的结合、矛盾、杂合以及融合。

  继续这个编织机的隐喻，本书将明末到清代中国的不同文本编织到当时接受了基督教教义的人群的葬礼的渐变叙述中。钟鸣旦教授如实地记录并将这些原始的、传教士所书写的前民族志观察文本(proto-ethnography)编织到新的语境中，来产生新的意义和知识叙述。这样在重构礼仪转变、斗争和融合的过程中，不同的声音都能被读者听见。读者也可以从这些原始的文本和声音中做出自己的阐释与意义重构。

  本书的结构是按基督教对中国葬礼的影响过程和态度转变过程来编排的。作者首先将两块不同布料的布连结起来，勾勒和描述在两种文化相遇前的中国和欧洲的葬礼实践。在第一章，作者详细论述了正统儒家葬礼和民间结合了佛家和道家元素的葬礼实践，也就是说在基督教进入到中国之前，儒家葬礼已不是一块同质同色的布块了，而是编织着佛家和道家仪礼实践的经纬线的混色纺织品。同时，欧洲葬礼活动的历史、葬礼实践的指导性文本和随着时间而变化着的葬礼实践也在第一章中得到呈现。最初对两个葬礼文化实践的比较让人觉得在欧洲"对信仰和原则的正确表述比正确的礼仪活动与实践更加重要。"(36页)而在中国，合乎礼仪的行动比空言更重要。第二章呈现的是传教士对中国葬礼的描述、报道以及书信，这些文本也可看成是前民族志观察。这些前民族志详细描述了中国各个不同的地区和民族不同的葬礼活动方式。这些细描很明显就凸显出欧洲模式和中国模式这样简单二分法的问题。另外，在阿勒尼(1582-1649)的《关于西方的问答》一书中，中国人对西方葬礼实践的一些有趣的对话也呈现出17世纪中国人眼中的欧洲形象。第三章和第四章讨论了1580-1680年间中国的基督教葬礼的逐渐变化。第三章呈现的是基督教葬礼仪式是如何嵌入到中国儒家葬礼的基本结构中的一系列文本，从基督教葬礼最初的纯粹主义和排他立场，到中国基督教徒尝试将基督教葬礼仪式嵌入到当时被西方人称作"文明的"基于《朱熹家礼》的中国葬礼。第四章按时间年代顺序呈现了传教士

---

[2] 此书评曾经发表于《比较：中国比较研究书评》(CCPBR) 2012年刊《刊号：ISSN: 2045-0680》，该刊于2015年将停刊。部分书评将被挑选出来根据没期的主题而定，重新发表在《中国比较研究》。中译稿为作者自译。

对中国基督教葬礼的正面态度。尤其是在传教士被驱逐的那段时间(1666-1671),传教士们意识到融入中国本土的文化生活与文化实践的重要性。自从1667的年广东的会议之后,基督教的中国葬礼成为"公开而有意识出现的基督教政策"(119页)以及"基督教教义和基督教社区的公开宣言"(133页),传教士们以此来回应之前中国人对他们"缺乏孝心"(136页)的指责。第五章展示的是基督教葬礼与中国葬礼的和谐结合与交织,而第六章展示的是交织过程中存在的紧张关系、矛盾、与疑虑。第五章主要展示与分析礼仪指导指南中的"礼仪流程","流程"本身呈现的是中国和基督教葬礼传统的结合。第六章呈现了基督教阐释、接受、拒绝传统中国礼仪实践的过程。中国传统葬礼中在死者尸体、棺材、祖宗牌位前的下跪、磕头、烧香、用食物祭祀、奠酒、烧纸钱等能够被基督教所接受,但接受的前提条件是这些礼仪活动必须被看做并被宣称为"表达孝敬的行为"(164页),这样才能被认为是"文明的"和"政治性的"(167页)。康熙大帝对烧纸钱的性质的讨论与反思也在这一章中有精彩呈现。第七章描述的是清朝皇帝为几位为朝廷效命的传教士举行的葬礼,不仅体现了清朝帝王对基督教影响的认同,也呈现了传统中国葬礼礼仪的主要过程。最后一章作者借用《天工开物》里的织布机与织布的场景来比喻17世纪文化相遇与交织过程,继而对"传播范式"、"接受范式"、"发明范式"、"交往与交际范式"等本书运用的研究方法做了深刻的反思。作者认为所有的文本都是"合作的产物"也是实际上的"互文文本"(215页)。织品的隐喻展示的是布匹(文化文本)是如何编织而成的,新的纺线与新的材质(基督教葬礼)是如何被编织进一块材质相对单一的布匹中(传统中国葬礼)。

  研究中国葬礼的学者往往从两个视角来看葬礼,即正统的思想和正统的实践这两个方面(Watson & Rawski 1988)。钟鸣旦教授在本书中编织进的不同的文本带入了对葬礼研究的更多视角,虽然他的重点也集中在这两种文化的葬礼中对信念和实践的讨论、冲突、接受和拒绝过程。然而中国传统文化中,礼的实践若没有仁与敬,这样的礼是毫无意义的。如孔子所说,"为礼不敬,临丧不哀,吾何以观之哉?"可见,"敬"与"哀"是中国传统葬礼中的核心,而这一点在本书中却没有得到表达。

  本书的读者会从作者的博学和智慧中得到很多启发,尤其是作者对大量不同来源、不同体裁、来自不同的欧洲语言的文本的把握与分析,比如游记、会议决定、社区与团体的活动日记、礼仪活动指南、行会规矩、帝王手记、哀悼词等等。作者掌握的这些文本对大多数在跨文化研究领域的中国学学者来说无疑是新颖而有价值的,特别对研究语言仅限于中文和英文的学者来说。对晚清中国历史、早期来华传教士的文化活动、跨文化语境中的礼仪等感兴趣的读者会喜欢这本书。而对当代中国感兴趣的读者也能通过了解中国的过去以及过去最重要的礼仪活动中得到对现在的中国更深的理解。

参考书目

Ebrey, Patricia. 1991. (trans.) *A Twelfth-Century Chinese Manual for the Performance of Cappings, Weddings, Funerals, and Ancestral Rites*. Princeton, New Jersey: Princeton University Press.
Watson, James & Rawski, Evelyn. 1988. *Death Ritual in Late Imperial and Modern China*, Berkeley, Los Angeles, London: University of California Press.

3. 功能理论和社会科学文本的翻译
A Functional Approach to Social Science Translation

冯东宁 Dongning Feng

引言：社科翻译的社会作用

本文探讨的译稿原文是伦敦政经学院荣休教授王斯福(Stephan Feuchtwang)先生的文章——《学以致用：费孝通教授的人类学使命及埃德蒙·利奇的科研游戏》(A Practical Minded Person: Fei Xiaotong's Anthropological Calling and Edmund Leach's Game)。原文论点复杂、思想活跃、专业性强，加之个性化的笔调，给翻译带来了极大的难度。其难点主要体现在三个方面：术语概念、句法结构和内涵的表达。当这三方面在中文没有对应或约定俗成的表达法时，根据翻译目的论而构建的翻译策略和技巧的应用就显得格外重要。社科文本翻译在中国近代史的发展中起到了决定性的推动作用，其重要性是不言而喻的。而王斯福教授在本文中对文化翻译又有一番别有见地的论述，他说：

> 的确，想专门从事文化翻译的学者为数甚少，因此，要求他们全面掌握人类学研究的概念和系统是不现实的。希望每个人都能成为一个人类学家是荒谬的，但是任何人都有可能成为人类学家，任何语言都有可能为人类学学科所用，给我们的学科带来"震动"。因此，理想的状态是，我们应该向这种"震动"开放我们的作品……

其原文是：

> It is true that few people want to be or are driven to engage in cultural translation as a profession. It is therefore wrong to expect them to have developed the concepts and generalisations which result from this activity. It is foolish to expect everyone to be an anthropologist. But it is possible for anyone to be an anthropologist and it should be possible for any language to be disturbed into anthropological usage. So we should, ideally, leave ourselves and our writings open to such disturbance.

这不仅说明了社科翻译的难度，同时精辟的指出了翻译不仅仅是传播知识，而且在语言的转换过程中，对研究的主体以及客体都可能带来"震动"，这种"震动"是社会发展和进步的催化剂和动力，关于这个问题我希望能有机会择文另述。

一. 功能翻译理论和社科翻译

很多读者都会有这样的体会，他们发现很多社科方面的译文要么十分晦涩，要么看似简单却不知所云。一些由再通常不过的词汇组成的句子似乎很难抓住其确切的意思，这在很大程度上同翻译原则和翻译方法论的实际运用有很大的关系。一些早期的社科译者似乎着重于对原文的忠实，也就是强调译文与原文的对等。但是，他们对对等原则的理解似乎过于简单化和绝对化，缺乏对语言和语法差异的考量，同时对翻译的目的性也疏于考虑。当然，翻译的体裁论(text typology)和翻译的目的论(skopostheorie)也只是上个世纪八十年代前后才被提出来，并在翻译实践中加以应用的，所以我们不应该责怪我们翻译界的前辈。但是这些新的翻译理论的确给我们现今的翻译工作注入了新的能量，我们在这里不妨借用这两个理论来分析一下本译稿的难句翻译。

功能理论中的体裁论告诉我们社科学术体裁大体上应属于信息性体裁，而信息性体裁的翻译应该使用逻辑性强的语言，重点应该放在文章内容的传递；而译文应该表述全面的所指的概念和内容。要达到以上所说的目的，翻译的方法就应该是使用透明、简洁且明了的文体，如果有需要可以使用说明和诠释的策略。

二. 词义的延伸和扩展

略通英语的学者、社科学生及双语学者不难看出原文中的难句似乎比比皆是，真有些无从下手的感觉。我们不妨先看看该文题目的翻译：

原文：A Practical Minded Person: Professor Fei's Anthropological Calling and Edmund Leach's Game

译文：学以致用：费孝通教授的人类学使命及埃德蒙·利奇的科研游戏

首先，在用词上，题目中的calling和game这两个用词的翻译颇引人注意。Calling一词的意义是"a strong urge towards a particular way of life or career; a vocation"，也就是我们中文中说的欲望或感召，但感召出现在题目中似乎有些玄奥的色彩，于是译者把它引申为使命或使命感，这用来形容费孝通教授有学者的担当及历史的责任感是非常恰当的，同时把原文的内涵表达的十分透彻。而game一词可以按字面译为"游戏"，也可按其所指的意义译为"研究"，似乎都无可非议；但是游戏一词在中文中未免过于否定，有点玩票的味道，这与原文的game的意义是有些出入的，简单译为"研究"又没有反映出原文中王斯福教授把二者研究目的作比较的中心思想。因此在"游戏"前加上"科研"，既承认了利奇的研究，又道出了他与费孝通教授治学方法和目的的不同。在此我们看到词义的延伸和适当的加词，可以将原意表达得更加清晰，这也符合功能理论的宗旨。另外题目中的"A practically minded person"很难说是不是"学以致用"的英译，但是回译为"学以致用"是考虑到了中文的表达习惯而且又反映了费孝通教授治学的信念。试想一下,如果把这一词译为"一个讲究实际的人"或是"一个重视实效的人"这就是对原文的忠实吗?译为"学以致用"一方面符合语篇上的对等原则,而且又达到了原文的目的。

三．社科翻译中上下文的考量

我们再来看看下一个例子:

> 原文:Freedman's view of the lessons which the anthropological study of China can teach will be an addition to my dialogue with Professor Fei.

> 译文:弗里德曼有关中国人类学研究给我们的启示的论述也是我和费教授之间要进行的学术对话。

原文中的英文词组 "teach lessons"当然可以译为"给我们提供经验教训",但结合上下文,翻译为"给我们启示"可能更为贴切。还有"dialogue with someone"在学术文本中也可大体上译为中文的"商榷",但是"商榷"一词在中文中是一个负载词(loaded word),也就是说是一个富于内涵的词汇,暗含对对方的批评之意。因此使用"对话"或"学术对话"更加具有建设性和开放性。所以翻译时,应该考虑翻译的上下文以及目的性,有时一个看似简单的惯用语和套语并不能准确地表达原文的意思。

四．难句的重组

本文开始时,我们提到,功能翻译理论的文本划分和翻译原则,这里我们看一下难句的重组:

> 原文:From Malinowski onward, from the establishing of social anthropology as an academic profession in the 1920s, anthropologists in England have been more removed from government than is anthropology in China. But I think these differences are only relative differences, differences of priority. We share a calling to a critical, empirical discipline which is based on the study of others, respectful and curious about our differences.

> 译文:从马林诺夫斯基开始,从20世纪20年代社会人类学作为一门科研学科起,在英国,人类学学科与政治和政府已是相形渐远,但在中国这一学科却没有脱离政治。但我认为这些差异只是相对差异,着重点的不同。我们有着共同的使命:在对他者进行研究时,以求知和尊重他人的心态看待彼此的不同,以将人类学发展成一门具有批判精神的实验学科。

我们可以看到此处的"anthropologists in England have been more removed from government than is anthropology in China"一句拆为两句；例如："在英国，人类学学科与政治和政府已是相形渐远，但在中国这一学科却没有完全脱离政治"。这当然是为了便于理解，而又强调了两个地方的差异，这比译成一个比较句型更清晰、更符合中文的表达习惯。而最后一句的重组不但表达了原句的逻辑，亦使原文更易理解，这显然与理解翻译的目的和读者的需要分不开。我们还可以从上面的例子中的最后一句的译文中看到这一翻译策略的应用："我们有着共同的使命：在对他者进行研究时，以求知和尊重他人的心态看待彼此的不同，以将人类学发展成一门具有批判精神的实验学科"。原文的逻辑性在译文中得以还原。试想一下，如果翻译没有一个特定的目的性的话，其结果会是什么样呢？另外，此处将"curious"引申为"求知"也比译成"好奇"更能传达原文的含义，为读者所理解；"好奇"在中文中多少有些猎奇的含义，不适于应用在中文学术文体中。

我们再来看一个例子：

> 原文：It is a pretence of not being involved in the ideologies, governments, and common senses which make up the realities it criticises.

> 译文：如果批评不触及意识形态、政府及社会常识等这些现实是一种矫饰的行为……

这个例子与上面一个略有不同。为了使句子或段落明了易懂，句子段落的重组不仅是将原文的句子化解拆散，同样也可以是将原文的复杂句精简组合。上面的译文把原文中从句套从句的句子化简为一个简单明了的中文句子，同时又不损失其信息量，是翻译社科文本的有效方法。

从以上例子我们可以看到，在翻译较为复杂的社科文本时，重点应该放在对原文目的的理解，对体裁的认知上，如果有需要可以使用文内或文外的说明和诠释的策略，这样才能使译文到达其初始的目的。最后，我想借用王斯福教授的观念来结束本译评，翻译不但可以给对象学科带来"震动"，同样也可以给我们的思维方式带来"震动"，从而丰富我们的创造性思维。

参考书目

Nord, C. (1997). *Translating as a Purposeful Activity: Functionalist Approaches Explained*. Manchester: St. Jerome.

Reiss, K & Vermeer H. J. (1984) *Towards a General Theory of Translational Action*, Manchester: St. Jerome Publishing.

Vermeer, Hans J. (1996) *A Skopos Theory of Translation: Some Arguments for and against*. Heidelberg: TEXTconTEXT-Verlag.

[参考资料]

学以致用：费孝通的人类学追求与利奇和弗里德曼的研究[1]

王斯福 (Stephan Feuchtwang)

摘要：本文是在著名人类学家费孝通和埃德蒙·利奇两位教授的对话基础上的一个延续。它把他们作为人类学家的两种追求或职业的感觉置于历史背景中加以比较。还把作为中国社会研究专家的英国人类学家莫里斯·弗里德曼补充进来。该文赞扬了费孝通的爱国的和批判的人类学，称道利奇的批判和承诺的人类学，使人类学从功能主义的局限性中释放出来，称赞弗里德曼的超越功能主义进入历史领域的宗族合作的概念批判性的延伸。基于费孝通的研究，该文批评了许多人类学的为纯学术读者群写作的狭隘雄，认为最好的人类学是一种独立的和开放的批判性的职业。

关键词：费孝通，利奇，弗里德曼，爱国人类学，人类学追求

在费孝通教授80岁生日之际，他结合自己的经历，从中国人类学家的视角将他和伦敦著名的人类学家埃德蒙·利奇的研究做了对比，并写下了这段话：

> 埃德蒙·利奇"是个雄辩出众的青年。他那种直爽、明快、尖锐的词锋给我留下了难忘的印象。""我知道，像我这种务实的人对他提出的问题所作出的答复是不容易说服他的。但是我认真的想一想，我这种在看来也许是过于天真庸俗的性格并不是偶然产生的，也不是我个人的特点，或是产生于私人经验的偏见，其中不可能不存在中国知识分子的传统烙印。随手我可举出两条 一是'天下兴亡，匹夫有责'，二是'学以致用'。这两条很可以总结我自己为学的根本态度。"(费孝通, 1990/1992)

本段话表述了费教授作为人类学家的感召和使命感，这是科学的感召，也是中国知识分子勇于担当责任的传统的感召。

当我读到这段话时能感受到话中包含着的诸多深意，自己仿佛被来自不同方向的力量推着向前走。在我求学过程中，埃德蒙·利奇的观点给我很多启发，尤其值得一提的是1959年经他整理首次出版了马林诺夫斯讲稿，他将其命名为《重新思考人类学》，我觉得我必须谈谈他的人类学研究。然而，多年来我一直致力于研究中国社会，费教授的著作是绕不开的经

---

[1] 本文首先发表于1996年在江苏省吴江县开弦弓村召开的费孝通教授田野调查60周年的庆祝大会。后来收入马戎、周星、潘乃谷和王铭铭主编的《田野工作与文化自觉》，北京：群言出版社，1998年版第1141-1166页。在本刊发表之前作者稍加修订，标题为编辑略改。本文由全球中国比较研究会研究人员、兰州文理学院英语系苟丽梅副教授翻译；英国伦敦大学亚非学院语言及文化学部翻译研究所主任、高级讲师冯东宁博士校对。本期发表的"社科汉语"的翻译部分的文章以此文为例对其英译汉问题作了分析。

典；近年来，我也参与了中国同事兼研究员常向群发起的开玄弓村研究，非常感谢她的慷慨分享。

作为一个研究中国农村社会的学者，费教授对实际问题的关注和他身上展现出的中国学者的特质吸引着我。我不是中国公民，也不是中国居民，我跟中国的渊源始于专业兴趣和个人友谊，身处中国之外的我继承了利奇人类学传统的衣钵。

在费教授的反思中，他将自己和利奇区分成不同类型的人类学家，他是中国的人类学家。作为一名研究中国的学者，再加上社会学领域中国同事的帮助，我觉得有义务进一步深化费教授已开启的他和埃德蒙·利奇之间的学术对话。在一篇会议论文中(先前发表的题目为"重读《江村经济·序言》"，《北大学报》，1996:4, pp4-18)，费教授再次提到利奇，还提到我的导师莫里斯·弗里德曼于1962年发表的关于纪念马林诺斯基演讲，这距利奇的首篇纪念演讲仅三年。弗里德曼有关中国人类学研究给我们的启示的论述也是我和费教授之间要进行的学术对话。

在促进英国和中国人类学学者对话过程中，我感觉自己处于一个时空交错、历史迥异的十字路口。费教授有他的个人经历，作为中国人的民族身份特征，他所经历的历史动荡，生活的大起大落，即便是算上二次世界大战也要比英国人所经历的痛苦和不安时间更长，程度更烈，而其中感受的希望和绝望也远胜于英国人。他始终想用人类学去改变和影响社会的变革，并防止社会变革带来的破坏性，尽管他充分认识到，这在很大程度上是很难预测的。

爱国的事业

利奇和弗里德曼经历过二次世界大战，但从职业生涯定位，他们是人类学家，而非致力于推动本国和本族人民发展的政治家。

利奇擅长于从个案研究中通过数学模式和富有想象力的归纳法从而得出普遍原理，他反对对比分类法。费教授偏向于分类法，因其便于找到适合中国国情的实际政策。模式—分类的动态升级，是费教授将小规模研究扩大到复杂的整个当代中国社会的研究方法。费教授的公众和自我界定的历史是现代中国史，社会学和社会人类学为此提供了研究方法。而利奇教授的公众和自我界定的历史是人类学历史，是用人类学研究方法的对象。这样，我们不仅有不同的历史步伐——快速的中国和缓慢的英国，有着不同的战争创伤，我们还有不同的历史主体 - 中国本土及外来的人类学，以及英国本土的人类学。

对于利奇，人类学的使命是揭露和质疑种族优越感。在《重新思考人类学》和《社会人类学》中一篇题为"我的人类学"的文章中(1982)，利奇提倡通过深入的地方研究推导出适用于任何人类社会研究的普遍规律。作为人类学家，他毕生致力于培养人的质疑能力，验证人类学家提出的以及应用于研究中的各类假设。

作为一名爱国务实的人类学家,费教授面临的问题完全不同。他认为利奇追求的普世化是在一个学术研究安全有保障的富裕国家从事一件有别于实际研究的一种游戏，是非常奢侈的："一个智力游戏，炫耀自己的才华"(费

1992:13)。费教授是一位爱国的人类学家。我所指的爱国不是民族主义，而是科研动机和职业追求是为本国人民谋福利。但是，这并不排斥从更宽泛、人文和比较的视域来看待人类学，"我相信，我们研究人的人有责任培养宽容精神"(费 1992:20)，这也和科学伦理不相悖：调查、实证、辩论。

费教授曾受到二十多年的和迫害(1957-1980)，在此期间被禁止写作，这使他成了一个"无国籍的社会学学者(当然这只是在社会学的意义上)"(Current Anthropology《当代人类学》29:4 1988: 654)。他被降格、同时也被提升到一个"无所管的人文领域"。但对他来说，尽管在逆境中，这仍然是一个历史性的人文阶段，一个动态的人文阶段，一个发展的对自然的自我意识的人文阶段。不像上个世纪初的人类学家，那时几乎没有多少西方人类学家的人文思想是如此具有广阔的视野和历史性。这种乐观主义态度随着当下相互依存的环境理念下已不复存在，我们西方发达国家的学术界对发展方向疑虑重重。

在对美国人类学家帕斯特奈克和费教授的采访中，费教授常常使用"我们"指代自己和中国人民，把他个人历史和中国的历史结合起来。而对西方学者来说，"我们"则常用来指代本国的学术界，而非本国人民。

一方是以推动国家发展为使命，另一方是以学术质疑及批判评论为使命。双方都以实证调查为基础，发现分析阐释概念，用于分析问题，发现问题，但双方的主要科研目的则是不尽相同。

充满爱国情怀的人类学家，通过研习局部地区历史、文化、经济和社会生活的方方面面，用田野作业法以发现整个民族的共性。地方的历史学家和民俗学家整理出版地方志存于当地文档馆，政治家们常用这些文献来构建民族身份认同，费教授关于少数民族研究也是出于此目的，但从费教授从事的发展模式长期项目研究总体而言(1996:p.9)，其他项目完全不同。该项目极具活力，和遭到利奇批判的结构功能派的静态类型研究完全不同，该派试图成为社会及文化的自然历史学家。在这一点上，它与政府出于统治的需要对国民加以分类已有很大的不同。其人类学的标签仍然是局部的，小规模的研究，但是另一位中国革命家不也正是这样做的吗？而这一蹲点调查观察变化的方法现已成为政府工作的传统，而就此得出的模式不是可以在其他地方推广开来吗？在任何情况下，人类学家所做的这方面工作可以被视为平台建构，通过这个平台，可以了解各个地区的情况，当地的传统和创新，可以传播或影响国家政策，可以展示各项政策的执行情况，是否有误以及如何采取新的举措。

但我想强调该项工作的另一面，其价值同样重要。人类学家的科研有助于不同地区人民相互了解。就此而言，人类学家的调研等同于民意调查。它构建了民族向心力、展现了民族发展裂变、民族间的冲突以及民族演变等诸多要素。自然，民族的界定和民族融合统一也应当然纳入研究课题，其它设想在政治上是十分危险的。人类学家、政府官员以及社会问卷测试员们进行调查的区别主要在于社会学家以当地状况为大背景呈现事实，能以本地人的视角来解读当地民众。人类学家的调研不仅从更开阔的视域展现了某种境况下的若干事实，而且也凸显了当地民众的社会创造力。此外，作为科研报告，必然会从专业的视角对材料的效度和信度进行批判性的评断。作为业内行家，田野调查报告应经得起事实测试员及分析员的检验，其事实陈述应经得起被当作谬误的挑战。当调查结果发表后，调查对象可以阅读调查结果，这就是成了一个民族对自己的表述。本土的人类学拥有充满这一独特活力的维度，而非本土的国际学者则缺少这一维度。如果我对中国乡村和城市的分析翻译成中文亦可具有这一活力的维度，但是我本人则是远离中国的，因为我生活在另一个国度里。所以我的研究是仅限于学术的范畴，而不是一个有爱国情结的事业。而对于费教授而言，这不仅是一个学术生涯，同时也是一个爱国的事业。

敬业的生涯

对利奇而言，分类的弊端带有民族中心主义倾向，将未验证的假定至于约定俗成的分类框架之下。费教授指出在《重新思考人类学》(1982)这本书中，利奇阐述了人类学家研究本族社会的困难之所在：如很容易把未经验证的假设写入事实报告，很容易把个案作为本民族独有的特例来研究，从而得出普适性的结论。同时，利奇赞扬费教授能克服这两种倾向，赞扬他在爱国主义情怀高涨时对本民族的研究仍能保持职业人类学家的专业精神。这种爱国情怀(用我的话来说)就是采取措施改善他所研究对象(的生活)，至少是探索引发他们变化的若干因素。

利奇的两位学生说，利奇把从马利诺夫斯基处所学的人类学的两种观点传授给了他们。其一是行动并不一定受文化规则的严格限制，统计标准或许与理想标准有所不同；个体可能做出利己的选择。其二是人类学在揭示了差异性的同时又呈现出一定的相似性，在展现出相似性的同时又体现了差异性(富勒、帕里1989:12)。

受第一种观念的影响，利奇比其他结构主义人类学家，如他剑桥大学的同事迈耶·福忒斯更乐于探讨社会变化和社会行为。"福忒斯研究聚焦于地方血缘宗族的范式，利奇坚持认为地方组织和财产所有权具有压倒一切的意义……而亲属关系仅仅是谈到财产关系的一个惯用语。……即使在血缘基础上发展起来的非洲社会，"血统范式"只是一个扭曲的透镜，它严重地低估了地方经济合作和矛盾冲突的存在"(富勒、帕里1989:12)。

同样，在《缅甸高地的政治制度》一书中，谈论政治关系时，利奇引入部落归属这一概念。同一种族，这代人可能会说他们是一个部落，下代人或许会认为他们是另一个部落。随着部落间关系紧张，克钦政治制度和礼仪会发生改变，受追逐权力者操纵，克钦政治制度会在平等无政府主义社会和阶层等级分明的社会间不停摇摆变换。利奇教导他的学生要细致区分不同种族人民生活中模糊的差异和矛盾，并避免文化过度一致。

他一度仿照数学模式来解读结构，他所用的方法即不是归纳学的统计方法；也不是代数中的函数方程，而是数学中的相关性，并进一步从功能主义需求视角进行阐释。他如此论点从根本上背离了马林诺夫斯基和其他英国结构主义关于社会制度的观点。利奇利用拓扑学——几何学的一门分支，对他所倡导的结构归纳法打了个比方。结构归纳法始于对同一时间段发生的事进行对比，并观察这些事发生在文化不同的地区会有什么变化(《重新思考人类学》pp 7-8)。与此同时，正如我已经指出的那样，他用关联规则强调变化要素。对于利奇而言，案例研究，无论规模大小，都可根据要素间不同类型、不同内容和相互间关系的变化进行对比。很多案例研究包括这种比较，如他在马林诺夫斯基的演讲中把他对克钦的研究、马林诺夫斯基对特罗布里恩群岛的研究和迈耶·福忒斯对塔伦西人的研究，以及其他人的一些研究做了对比。这种对比也间接地暗示了自己社会和文化规则。这是把从马林诺夫斯基所学的第二个想法付诸实践，要以新奇的态度对待熟悉的社会文化，以熟悉的态度对待陌生的社会文化。

第二个想法和强调个体创造力的第一个想法结合形成了利奇所始终实践并教授的人类学，他注重培养学生的概括能力，避免在文化相对论上过度纠结，他这种思维模式影响力远远超出了学术界。贯穿他写作和教学工作中最重要的特点是他愿意不断挑战正统，吸引更广泛的听众(富勒和帕里1989:14)。像费教授一样，他热切地笃信人类学能揭示关于我们人类一些重要的事实，具有非凡意义，因此人类学应面向广大市民而不是人类学专家。例如，利奇希望刊载着他关于马林诺夫斯基演讲的题为《重新思考人类学》的书，将"引起一些读者对自己确定事物的怀疑"(利奇1961年:V)。1967年，英国广播公司主办的著名的里斯系列讲座节目中，面对众多听众，利奇敦促他们牢记貌似隔离且单独存在的事物其实整体上仍然是相互关联的"。他提醒听众事物是处在一个动态而非静态的相互关系中(利奇1968: 77)。由此他得出，我们必须为我们的相互关联而承担责任，必须为我们引发的变化而承担责任，应考虑我们行为的影响，并避免滋生恐惧和暴力的分裂主义所带来的毁灭性后果："我们当代的灾难不是技术，而是民族主义"，因为在他看来，"民族主义是可悲的谬误，因为在民族主义者看来只有分离才是自由"(利奇1968:90)。

利奇反对道德说教，刻意回避说教。他警示普世真理和道德判断教条的危害。但他却嘱咐的人类学家，他们自身的道德操守应和教义信念保持一致。田野工作，阅读民族志有助于培养职业操守的，这种操守是从事人类学研究所必须的。人类、人类社会是人类学研究的对象，不必非是遥远的过去或是眼前的当下。"田野调查"可以进行二次分析或历史研究。不管材料如何，田野调查始终是一种视他性为己性，视己性为他性的沉思过程。田野调查培训以及民族志学都教育学生认识他们自身的差异性。通过训练，我们能无惧怕、无偏见地接受我们之间的差异，然后用跨文化的手段，通过描述和解释来表述他们的独特性。利奇的跨文化归纳概括包括对犹太教、基督教、穆斯林教圣经，及其他文化中神话的概述。

大社会下的人类学

血统范式是弗里德曼研究中国亲属关系的主要方法，利奇曾批评过此方法，上述所述观点以及新儒家作为执政理念重要性的观念都被用来攻击血统范式。利奇研究聚焦于人类自身考察。20世纪30年代的中国正经历着变化，费教授专注于个体研究。两人的研究有一定的相似性。最近中国人类学家发表文章提出费教授中国社会结构的想法源于道德人，个体处于在社会结构网络中心，该网络按血缘亲疏关系分为不同的圈子，正如扔进水中的小石子泛起的圆圈一般，亲友间互助责任源自儒家，道家和法家的教义(《乡土中国》, 1938, pp 31-37)。

中国人类学家对此的批评其部分原因是希望中国本土人类学家对中国人类学作出更为详确的研究。在弗里德曼宗族社会结构研究中，我们能看到费教授关于自我、家庭关系、新儒家思想以级中国政权利用该思想来维护政府统治的影子。家族体系成了一个惯用法，而不是一个社会存在，作为本地群族出现的家族体系或家族分支被置于历史时空和地域环境下。

从历史发展的视角看问题，在历史长河中截取渐变或巨变的瞬间来研究社会体系可能是中国人类学学者的贡献。中国人看待历史有其独到之处。但重视历史研究并不能只局限于中国研究或中国学者。自从结构主义由于忽视研究主体和变化而遭到批判，从历史视角研究人类学已成为一种共识。

弗里德曼主要研究了中国东南省份。的确，在西方，他对当地宗族的剖析形成了中国社会人类学研究的宗族范式。最近，他的研究常被用于中国血缘关系发展社会历史的辩论。这是因为弗里德曼非常擅长搜集整理其他学者对中国东南省份乡村组织观察研究的一手资料，他的记录详尽且清晰易懂。他把中国社会作为一个整体来研究，1962年他强调中国人类学研究，正如费教授(1966年)所言，旨在呼吁人类学家进行大规模的社会和文明的研究。和结构-功能学派重在展现历史结构不同，弗里德曼煞费苦心地指出，这意味着进行历史研究。他的意思是研究社会变革，对中国和其他有文字记载，能提供丰富变化记录史料的文明地区展开调研。

弗里德曼提出当地的宗族作为宗族组织在中国东南部在政治和农耕方面占有优势。对他这一观点，支持者有之，反对者亦有之。不幸的是有些反对者忽视了弗里德曼分析所处的特定的历史和政治现状。弗里德曼采用了在非洲、亚洲和太平洋地区对小规模社区进行研究时所用的分类方法，即根据血统和婚姻进行分类。虽然里奇抨击这种分类研究是所谓的蝴蝶式采集，违背科学概括规范，但弗里德曼从另一方面对此做了辩护。

在把血统范式研究方法用于研究一个有着悠久历史记载的大社会时，弗里德曼有意识地修改了非洲式宗族概念。在他看来，宗族适合分析社会组织，但却不适用于分析整个社会的分类。他意识到了这一点，并在书中对此做了探讨。弗里德曼发现，地产、财富、社会地位及对这些的追求影响着中国地方宗族的形成、管理、发展及裂变(弗里德曼; 纪念露西·梅尔的论文，伦敦：阿斯隆出版社，1974)。他认为血缘宗亲体系只是有着不同组织规则若干体系中的一个子系统。和利奇不同，弗里德曼从未尝试进行跨文化的普遍性研究。从他对中国社会的研究，可以得出一些具有普遍适用性的社会概念，这些概念可以解释某些社会制度的形成，但他仅将这些概念用于中国。

尽管他做了努力，汉人社会研究和中国人类学研究仍然没有形成利奇所倡导的普适性规则。随着国内外研究中国人类学学者数量增加，或许会在研究中国的基础上形成一般规则，适用于解释社会关系、民族形成、家庭和亲属关系。我希望通过我们的共同努力来实现这一宏愿。

[参考资料] 学以致用：费孝通的人类学追求与利奇和弗里德曼的研究

联系实际的伦理规范及其制度化

当然，对于我们所熟悉的自我概念界定并不相同。利奇认为个人是其社会关系中的自我，其文化主导话语和习俗惯例制约了自我行动取向，同时在政治语境下又常指自我利益。规则并非像理想状态下的预言般刻板。正如我已经说过，此概念和费教授以自我为中心的社会网络结构的想法有一定的相似性。但自我在具体的语境下是完全不同的。费教授的自我是中式的、新儒家的自我。利奇的自我延承了马林诺夫斯基的自我概念，正如他的学生们所指出，"是西方功利主义理论下的个人利益最大化；但由此推断无论是克钦族人，还是斯里兰卡村民只具有这样一个简单的灵魂的假设是难以让人接受的。"(富勒和帕里，1989)此时，利奇从自己的历史文化出发得出未经验证的假设。他的学生对他的评判也是马林诺夫斯基和利奇所倡导的人类学精神的一个很好的例证。

学术批评以及对可以运用于实践的概念构建都有其目的，尽管费教授治学的目的与此并不相同。人类学学术研究的目的是排除我们所处时代的思想对我们的禁锢，去寻找另一种可能性，另一种现实。当然，正如费教授所警醒大家应注意的是批评也可以起反作用。批评很容易跑偏方向，对改善现状或具体事实的改观不起任何积极作用，只是出于一种浪漫的诉求，为了批评而批评。

如果批评不触及意识形态、政府及社会常识等这些现实是一种矫饰的行为，这种批评听来很激进，但是并不具有风险性，因为这种批评并没有方向性，也不会给政府的治理带来任何新的可能性。它无法作出任何选择，相反它只倾向于一种被理想化的政治体，采取一种以偏概全的伦理立场。因为它处于一个局外人的角度来批评现实，所以现实对这种批评也就易于接受。这种批评实际上具有一种政治浪漫主义的色彩。(Minson 1993: 6-11)

但人类学的专业呢，我觉得，意味着它不必是浪漫主义的伦理 - 政治立场。我仅指我看到可能性，其他人或许有不同的行为准则。但在我看来，通过对地方社会展开深入的实证研究所概括出具有普适性的人性具有实际的人文价值：学会只是聆听和观察，不冒然判断。在评判之前，尊重他人所说所做。允许他人对研究所用理论或理论构架提出质疑，用开放的心态迎接科研中的意外，积极探索其原因，并对理论框架作出修改。

费教授对此做了详尽的描述，他写道在田野工作中，人类学家应把自己的经验作为指导，而不是一种负担。他同意利奇的观点，认为他人的研究可以作为一个要重的参考来反思自己的理论和假设：以经验为依据发现新事物时，也正是学习的大好时机，因为此时自然能萌发许多疑问，故而能区分出异文化社会和己文化社会的不同(费孝通，1996: 11)。区分异文化并不意味着未指出之处便和我们相同。区分的目的在于便于发现异文化的落后之处，假设异文化是处于己文化进化史的早期，或许是处于一个相对较近的可称为发展或现代化的时期，或许是处于人类普遍演化发展进化史的较早阶段的。应思考己文化和异文化在同等状态下各自条件的异同，对比各自历史的异同。对该问题的思考或许会发现适用于人类社会任何地方、任何时代的答案。该答案解释了引发生产技术，生态，气候，经济，文化传播和社会结构变化的要素的整体相关性。

自从马林诺夫斯基把田野工作作为中心点，人类学家对此工作方法热情高涨。同样，这样做将我们论述和文化翻译受质疑的风险降到最低。我们通过确定人类学所用调研语言的权威及将其翻译成调研对象和区域的语言从而降低了研究的风险。在文化翻译中，往往禁止研究对象对其论述翻译的有效性提出质疑。然而，虽然研究对象和我们不同，但是，原则上他们是和我们一样具有平等思维和质疑能力的人类。

的确，想专门从事文化翻译的学者为数甚少，因此，要求他们全面掌握人类学研究的概念和系统是不现实的。希望每个人都成为一个人类学家是荒谬的。但是，任何人都有可能成为人类学家，任何语言都有可能为人类学家所用，给我们的学科带来"震动"。因此，理想的状态是，我们应该向这种"震动"开放我们的作品，但我们往往将自己过多地保护起来。

以英语书写的人类学自我批判作品中已经指出了这个弊端。这种自我批评继承了早期对人类学与殖民主义关系进行的研究。最近，后殖民自我批评指出，不仅仅国际人类学的语言通常为英语，而且作者和读者出于自我保护，局限于学术惯例，借助修辞建立证据和权威(阿萨德1986:159)。

学术保护是保护不受挑战，这种保护在本国不易奏效。本土人类学家在这个意义上是社会学家，由于在本国，他或她的工作或出版物很容易被本国人民的查阅。即便如此，学术圈子及不成文的惯例也为社会学家们竖起了一座防御屏障。我们为彼此写作，学术圈的游戏规则是取悦评审人。评审人是已经取得或者被任命为学术权威的同僚，他们有资格判定项目的价值，或决定文章能否发表。我们寻求科研支持，判断同行学者项目是否应得到经费支持，然后给评审人和参会者写推荐信。科研课题选题越来越集中在由学术或商业机构提供研究经费资助的部分。学术知名度的提升有赖于所获科研资金和发表出版的数量。由此，学术界的游戏规则就是：世界富裕国家的评审人间的游戏，包括中国在内。它是一个封闭的小圈子。内部是由不同领域和学科的专家组成。他们间又形成若干小派系，不同派系间相会倾轧，逐名夺利。

中国学术圈也自我保护。和西方同行相比，它形成时间短，vv科研经费相对少。自1918年第一本由中国作家编写的人类学著作(陈映璜《人类学》)出版，中国的人类学至少有三次不得不重新开始。中国人类学有不同的组织形式,在大学之外，还有一些大型的科研机构,享受政府年度及五年计划的财政支持,国外机构也会以合同的方式为约定的项目提供经费资助。大学科研资金本身在一定程度上受政府支持。相比而言,中国政府比西方科研同僚圈子对科研项目有更大的决定权。此外，经费预算限制较多，研究课题的范围只限于紧迫政策问题研究，即在英国基金委员会所谓的"应用"和"战略"的课题,而不是纯科学研究。

由此可以得出，费教授、利奇教授和弗里德曼在不同的历史环境下工作，外部环境影响了他们职业生涯，而且使得他们的科研取向也有所不同。从马林诺夫斯基开始，从20世纪20年代社会人类学作为一门科研学科起，在英国，人类学学科与政治和政府已是相形渐远，但在中国这一学科却没有完全脱离政治。但我认为这些差异只是相对差异，着重点的不同。

我们有着共同的使命：在对他者进行研究时，以求知和尊重他人的心态看待彼此的不同，将人类学发展成一门具有批判精神的实验学科。

学术生涯和爱国事业的结合

今天，中国拥有新一代的人类学学者和教师，中国的田野工作和实践伦理学术传统必将焕发出新意。新生代学者将会把他们的爱国情怀融入到人类学科研工作之中。我希望不久的将来，中国的人类学家运用他们的理念对中国以外的社会展开研究，包括对英国。我想这些概念将会是什么呢。

参考书目

Asad, Talal. 1986. 'The concept of cultural translation in British social anthropology' in James Clifford and George E. Marcus. *Writing Culture*. Berkeley: University of California Press.

Fei Xiaotong. 1992. 'The study of man in China – personal experience' in Chie Nakane and Chien Chiao. eds. *Home Bound: Studies in East Asian Society*. Tokyo: The Centre for East Asian Cultural Studies.

费孝通：《人的研究在中国：一个人的经历》，载《读书》，1990年第5期。

——1996年，《重读<江村经济>·序言》，《北京大学学报(哲学社会科学版)》，第4期 [(Fei Xiaotong 1996. "*Chongdu 'Jiangcun Jingji xuyan*'" (Re-reading the preface to Peasant Life in China). Beijing Daxue Xuebao (*Journal of Peking University: Philosophy and Social Sciences*, No 4)].

Feuchtwang, Stephan 王斯福. 1998. A Practically Minded Person: Fei Xiaotong's Anthropological Calling and Edmund Leach's Game, 马戎、周星、潘乃谷和王铭铭主编.1998年，《田野工作与文化自觉》，北京：群言出版社，第1141-1166页 [Ma Rong, Zhou Xing, Pan Naigu and Wang Mingming. eds. 1998. *Tianye Gongzuo yu Wenhua Zijue* (Fieldwork and Cultural Consciousness). Beijing: Qunyan Chubanshe: 1141–1166].

—— 2014. 'Social Egoism and Individualism: Surprises and Questions for a Western Anthropologist of China Reading Professor Fei Xiaotong's Contrast between China and the West', *Journal of China in Comparative Perspective*, Vol. 1 (2):75-95.

王斯福：《社会自我主义与个体主义：一位西方的汉学人类学家阅读费孝通"中西对比"观念的惊讶与问题》，《中国比较研究》，2014年第1卷第2期第185-201页。

Freedman, Maurice. 1963. 'A Chinese Phase in Social Anthropology', *British Journal of Sociology* 14(1): 1–19.

—— 1974. 'The politics of an old state; a view from the Chinese lineage', in John Davis .ed. *Choice and Change; Essays in Honour of Lucy Mair*. Monographs on Social Anthropology No. 50, London: Athlone Press: 68–88.

Fuller, Chris and Jonathan Parry. 1989. '"Petulant inconsistency"? The intellectual achievement of Edmund Leach', *Anthropology Today* 5(3) (June): 12–15.

Leach, Edmund. 1961. *Rethinking Anthropology*. LSE Monographs on Social Anthropology No 22. London: Athlone Press.

—— 1968. *A Runaway World?* Reith Lectures 1967. London: British Broadcasting Corporation

—— 1970. *Political Systems of Highland Burma: A Study of Kachin Social Structure*. LSE Monographs on Social Anthropology. London: Athlone Press.

—— 1982. *Social Anthropology*. Glasgow: Fontana.

Minson, Jeffrey. 1993. *Questions of Conduct*. London: Macmillan.

Pasternak, Burton and Fei Xiaotong. 1988. 'Interview'. *Current Anthropology* 29(4): 637–662.

4. "跨文化"、"超文化"或其他?
Translation as a "Transcultural" Text

冯东宁(Dongning Feng)

本期论文的难点是术语的翻译,在沈骑[1]的文评中对此已有说明,在此我仅从翻译的角度,继续这一讨论。文章得有一个标题,我们暂且借用文章的关键词—"Transcultural",因为翻译这一活动的确是处于一种"动态"或"过渡"文化"之中。

术语的形成和被接受有时要通过一个较长时间的磨合。比如文中提到的cross-cultural、intercultural和transcultural并非新词,但其中文的译法却仍处于一种过渡状态,一个主要原因是中文的前缀非常有限,且用法模糊;而早期的译者有时在翻译时没有使用恰当的策略给予明确的定义。

在英文中,cross-cultural和intercultural混用的情况颇多,在中文中我们也不必太过于谨小慎微,另起炉灶、重新发明轮子。在一般情况下也不会引起多大的歧义,当然在特殊情况下例外。设想如果将intercultural译为"际文化",那interracial怎么办? Intercommunal呢? Intertextual又如何翻译?

但是,我们必须承认transcultural有其特定的内涵,不但有必要加以区分,而且要明确其定义。译为"超文化"固然是一种策略,以区分于"跨文化"。其实"跨文化"可能跟transcultural更贴近,如早期翻译时再加上原文的概念和定义,对transcultural来说,不乏是一个极佳的选择。但是位置已被cross-cultural占领,人们对其已有约定俗成的共识,想改也难。不幸的是,cross-cultural和intercultural似乎不值得占领这个位置,因为transcultural比那两个词的术语性都高,而"跨"这个字不但表达了跨越文化的状态,也包含了一个动态的内涵。

中文是表意文字,很容易望文生义。汉字用得不当,很容易令人产生误解,哪怕是在给出定义的情况下,尤其是一些与政治、社会及文化有关的词汇。所以"超文化"的译法是需要进一步商榷的,"超"字似乎离原概念甚远,有点背道而驰的感觉,而在确立这个词的定义的时候需要极大的力度来说服读者。在这种情况下,一个可以考虑的有效策略是创造新词(neologism),比如把transcultural译为"通识文化",这是一个生造词,一方面它不具有负载(loadedness)可以塑造。另一方面,它暗含"共通认知"或"通过认识"之意,另外将trans译成"通识"亦可以说这是一个半音译半意译(phoneto-semantic translation)的词,便于记忆。当然,这只是一个设想。

社科术语译文的不确定性是难免的,这是语言在不同文化流动过程中的一个现象。作为术语的翻译的策略和概念的规范,使用术语表(Glossary)不失为一个有效的方法。例如:

---

[1] 沈骑:《从跨文化、"际文化"到"超文化"研究:兼评〈普世价值梦、民族国家梦及环球共生梦 ---- 中欧相逢中的跨文化生成性思考〉》,《中国比较研究》,2014年第1卷第2期第??页。

4. "跨文化"、"超文化"或其他？Translation as a "Transcultural" Text

超文化路径 (transcultural approach)
拓扑图 (topology)
双向代理人 (double agent)
文化间代言人 (agent of in-between/)
多元身份 (multi-identity)
阈限灵活性 (liminal flexibility)
模糊边界效应 (fuzzy border effect)
相逢交叉场 (cross-field of encounter)
阐释型构 (interpretative configuration)
距离原理 (principle of distance)
历史性 (historicity)
镜像效应 (mirror effect)
权力游戏 (power games)
表征体系 (representation system)
主动误解 (proactive misunderstanding)
积极误解 (positive misunderstanding)
跨文化生成性 (transcultural generativity)

如果用中文给出以上术语的定义或说明，不但给读者提供极大的便利，而又可对术语的理解达成共识，便于学科的发展。

DOI https://doi.org/10.24103/CSS.2018.8.2

[参考资料]

从跨文化、"际文化"到"超文化"研究：兼评《普世价值梦、民族国家梦及环球共生梦：中欧相逢中的跨文化生成性思考》一文

沈 骑

《中国比较研究》与2014年第一、二期连载了于硕的长篇论文：《普世价值梦、民族国家梦及环球共生梦：中欧洲相逢中的跨文化生成性思考》，该文首次将"跨文化"(transcultural)作为中外社会文化比较研究的一种新的认知途径，视角新颖，时空跨度广阔，史料丰富翔实。但是，阅读完该文，感觉把transcultural一词译为跨文化，似乎不妥，若以"跨文化路径"(transcultural approach)理解，着实窄化，甚至会曲解于文本意。如果译为"超文化"则更能凸现出于文的方法论意义。本文首先简单提及几个相关词汇并概述与transcultural approach相关的几种用法，然后评介于硕对"超文化路径"(transcultural approach)的创造性地使用，之后试图通过区分多学科及多元文化研究、学科间性与文化间性研究、跨学科与跨文化研究，以及超学科研究与超文化研究在概念上的差异，界定"超文化路径"之特点与属性，并对于文提出的认知路径作简要评论。

从"跨文化路径"到"超文化路径"

英文的cross culture、interculture 和 transculture中文的译法一般都是"跨文化"，鉴于其不同的内涵，为了深化研究，有必要在此加以区分。cross culture译为"跨文化"一般没有争议，interculture 和 transculture这两个概念目前还没有公认的汉语词汇。借用international(国际)的译法，暂且把 interculture译为"际文化"[1]。本人在此将transculture 翻译为"超文化"，而于硕在文章中使用的方法可以归结为广义的"超文化路径"(transcultural approach)。目前，国际上出现了一些"超文化路径"的研究，如超文化的语言学习(Brady and Shinohara 2000)，应用语言学(Abad 2014)，心理学(Remmers 2014)、精神卫生、传媒、音乐、电影、哲学以及性别研究等等[2]。此外，国际学术界有多种领域也使用 transcultural perspective(超文化视野)的概念，如超文化视角的教育符号学研究(Tochon 2013)，社会语言学研究(Halliday 2007)以及教育语言学研究(Hult 2010)等社会科学领域。

然而，与前者不同的是，于硕尝试建构的是一个"超文化交叉场"(transcultural cross-field)理论，指出思考的可能路径并提供了思想游牧的概念工具。在她发明的一套新概念中最重要的是"跨文化生成性"(trans-cultural generativity)。Generativity概念从词源上看来自拉丁文的*generatio*(生成，

---

[1]. 限于本文的篇幅，以后再论证。
[2]. 根据加拿大英属哥伦比亚大学中、东北欧研究系的Ostapovich于2014年1月15日发的帖子，见：http://cenes.ubc.ca/placeholder-two.

生育generate, produce a new individual)，意指"创造性仿照"(modeled on creativity)，美国发展心理学家艾里克森(Erik Erikson)最早将这个新词运用于心理社会发展理论(psychosocial developmental theory)，可以界定为代际之间的创造性的传承(defined as transition on creativity between the generations)(Erickson 1985:242)。根据于硕的归纳，"生成性是一种自系统能力，可以生产和创造意想不到的变化"(Generativity is a self-system's capacity to produce and create unanticipated change)。这一定义展示给我们的内含有：一个自成一体的系统，两种能力(生产力和创造力)以及必定引起的变化(self-contained system, two facets: productivity and creativity, change as consequence)。基于自身扎实的历史功底和人类学专业训练，于硕将"生成性"置于文化相遇的"阈限空间"，从而把我们引入了宏大的历史文化场域；在文明相遇的自动进程(auto-process)和复杂的跨文化交叉场(*champs croises*)中，形成了自系统(self-system)的生成性，它拥有巨大的沟通、阐释、理解和创造的跨文化生成能量。

我认为，将transcultural generativity译为"超文化生成性"更能涵盖于硕文章的内涵并凸现其方法论和理论建树。于硕通过对500年以来中欧相逢的复杂的历史的重新解读，带着对当下"全球社会"的唯一共同体意识和关怀以及参与全球公民对话的切身感受，不仅在方法论上超越了已有的"中国"和"世界"的二元视野，执着地将中国置入世界，作为世界不可分割的组成部分加以整体对待，而且在理论上勇于创新，提出了全球化以来社会科学研究必需的跨文化新路，她还为提升和改善中国与其他地区的思想交流和精神对话提供了丰富的经验，真正做到了人文科学理论的有的放矢。可以说，于硕的"超文化生成性"本身就是知识全球化过程中的一个成果，是基于中国与其他国家和地区人们之间(people-to-people)互动交往而提炼形成的一个范式，更是当下学科与学科之间深度交流在社会科学和文化研究领域里应用的一个范例。

从"多学科性"到"超学科性"

在全球化和跨文化交流日趋频繁的背景下，现代科学与研究领域的不断拓深，学科与学科之间互动日益频繁，出现各种交叉学科和跨学科研究。一系列表征学科交叉、互动与融合不同状态、程度和关系的概念，如多学科性(multidisciplinarity)、学科间性(interdisciplinarity)、跨学科性(crossdisciplinarity)，乃至超学科性(transdisciplinarity)等术语相继产生。对这些术语的特征与差异的认知有助于我们理解跨文化理解领域的研究方法和途径等重要问题。

首先，多学科性(multidisciplinarity)所关注的知识出现在不止一个学科或专业中，因而多学科研究团队的成员来自不同学科和专业。Nicolescu (2010)在说明多学科性时认为它不仅从一个学科，而是从多个学科研究一个项目，并曾举例如下：对一幅画的研究不仅可以从艺术史，也可从宗教史、欧洲史，或几何学论述；与马克思哲学有关的专业有哲学、物理学、经济学、心理分析或文学等。总之，通过不同学科视角的整合，最终能更好地认识所研究的问题，从而对该学科有进一步了解。同样，本学科的成果也可看作是其他学科的成果(Stein 2007)。从这个意义上看,多元文化主义(Multiculturalism)和多语主义(Multilingualism)等研究范式也属于多学科性研究的范畴,研究者可以从不同学科,如人类学、社会学、文化学、政治学或是历史学来审视不同民族和国家的各种文化问题。

第二,学科间性(interdisciplinarity)是指不同学科间概念和方法的交流,最后融入不同的、互补的学科中。就知识而言,学科间性指新知识延及至现有学科或职业之间或之上,它既可以不为现有学科接受,也可以为一个、两个、更多学科,以至新建学科接受(Wikipedia 2012)。Nicolescu (2002, 2010)认为学科间性研究不同于多学科研究,前者关注的是将一个学科的方法移入另一个学科,人们从应用程度、认知程度以及产生新学科程度三个方面加以区分。多学科性研究中的各学科是相互的、累积的,但不是互动的,而学科间研究将不同学科的做法和假设整合在一起。基于这一认识,我们认为际文化研究(intercultural approach)的目的和属性是指不同文化在概念、观念和方法的交流,提升彼此认知和融合,形成对两种不同文化理解的第三位置(Kramsch 1998)。

第三,跨学科性(crossdisciplinarity)旨在研究以一个学科的知识说明另一个学科。因此,跨学科研究描述采用任何本学科以外的方法、项目和研究活动来研究一个课题,但不必与相关学科合作或整合。跨学科研究与多学科研究密切相关,但学科之间在方法和合作上不存在相互的转移,而多学科研究有不止一个其他学科审视同一个特定课题。跨学科研究在学科关系上也不同于学科间研究,因为在跨学科关系中学科界限是交叉的,但在技术或观点上没有交流,尽管有建设性的合作,但在学科知识上各自展现自己的学科知识,而学科间研究对各有关学科的操作和假设是根据集中力量解决某问题加以整合的,并按这个原则分组,其中可能以某一个学科为主(Stein 2007, Wikipedia 2012)。跨文化研究范式(Crosscultural approach)比际文化研究更为深入,体现文化交互和融合,求同存异,激发文化移情(empathy),同时也主张以"他者"眼光审视自身。但是需要指出的是,无论是文化间性研究,还是跨文化研究,都由于缺乏对于文化系统的整体性把握,使得跨文化研究流于表层,而显得碎片化,无法窥见文化冰山之全貌。

应该说,超学科性(transdisciplinarity)是在跨学科研究的基础上出现的一种新的研究形式,它把传统跨学科合作的旧形式与科学复杂性世界观所塑造的知识和文化统一的新追求区分开来,其动力源自对学术研究实际应用的需求以及对新知识的追求。超学科的目的在于通过整合学科和非学科的观点,获取整体系统性知识。超学科性的概念最早是瑞士心理学家皮亚杰(Piaget 1972)提出的。Jantsch (1972)在讨论教育创新系统时,建议用系统理论来研究如何进行知识重组,使之成为分层目标导向的系统,这个协调框架理论基础就是一般系统论和组织理论。他把系统分为4个层次:目的层次(意义、价值)、规范层次(社会系统的设计)、实用层次(物理技术、自然生态、社会生态)和经验层次(物理无生命世界、物理有生命世界、人类心理世界)。Gibbons等人(1994)认为,超学科研究对相关的认知实践和社会实践的基础进行重新塑造,从一开始就考虑在塑造研究活动时应用的情境,而且是连续的、动态的。因此,从根本上来说,超学科不是工具意义上的一种方法,而是本体论意义上的一种态度或世界观。

于硕将超文化路径(transcultural approach)或超文化视野(transcultural perspective)发展成为"超文化交叉场"(transcultural cross-field)和"超文化生成性"(transcultural generativity)，从全球历史和文化发展的高度，应用于中欧文化交流的场域，富有创见。于文通过超文化路径的应用，将历史人类学的研究大大提升了一步，出入于宏观系统和微观生活之间，第一次系统地分析和展示了500年以来复杂隐晦、爱恨交加的中欧相逢的历史画卷及其象征意义，有助于我们解读全球社会的种种冲突或联合，并理解人类关系的演变和人类共同体身份建构的必要性。

因此，超文化路径已经不只是一种学术研究的方法，而且还是一种文化研究的态度，抑或是一种文化世界观，具有整体和系统性特征，基本概括了目的层次(多元超越的文化价值观)、规范层次(人类伦理的礼仪重构)、实用层次(世界社会的现实治理)以及经验层次(唯一人类共同体的生成性认同心理)等四个贯穿认知和社会实践的系统层面，具有超学科性研究特征，而不是文化间性或是跨文化研究的观点。"超文化路径"对于理解和分析当代中国在国际社会的文化形象和中欧文化互动具有重要的理论创新和学术参考价值，对于全球世界的和平治理更具有精神的和实践意义。

参考书目

Abad, Karen Lesley Jacob. 2013. 'A Transcultural Approach to EIL in Secondary Education: A Case Study' (PhD dissertation in the Department of Spanish, Modern and Classical Languages, University of the Balearic Islands).

Brady, Alan and Shinohara, Yoko. 2000. 'Principles and activities for a transcultural approach to additional language learning'. *System*, Vol. 28 (2): 305–322.

Erikson, Erik. 1985. *Childhood and Society*, 35th anniversary edition. New York, NY: W.W Norton.

Gibbons, M., Limoges, C., Nowotny, H., Schwartzman, S., Scott, P. & Trow, M. 1994. *The New Production of Knowledge: The Dynamics of Science and Research in Contemporary Societies*. London: Sage.

Halliday, M.A.K. 2007. 'On the concept of "Educational Linguistics"' In J Webster. ed. 2007. *Collected Works of M. A. K. Halliday (Vol. 9): Language and Education*. London: Continuum.

Hult, F. 2010. 'Theme-based research on the transdisciplinary field of educational linguistics'. In F. Hult. ed. *Directions and Prospects for Educational Linguistics*. Dordrecht: Springer.

Jantsch, E. 1972. 'Towards Interdisciplinarity and Transdisciplinarity in Education and Innovation'. In L. Apostel et al. eds. *Interdisciplinarity: Problems of Teaching and Research in Universities*. Paris: Organization for Economic Cooperation and Development (OECD) and Center for Educational Research and Innovation (CERI): 97–121.

Kramsch, C. 1998. *Language and Culture*. Oxford: Oxford University Press.

Nicolescu, Basarab. 2002. *Manifesto of Transdisciplinarity*. Albany, NY: State University of New York Press.

Nicolescu, Basarab. 2010. 'Transdisciplinarity: P2P Foundation'. 21 December, http://p2pfoundation.net/Transdisciplinarity.

Piaget, J. 1972. 'Epistemologie des relations interdisciplinaires'. In CERI ed. *L'interdisciplinarite: Problèmes d'Enseignement et de Recherche dans les Universités*. UNESCO/OECD, Paris : 131–144.

Remmers, Arno. 2014. 'Transcultural Approach to Positive Psychotherapy'. Information about a lecture delivered on 22 January at University of Social Sciences and Humanities, Warsaw, Poland.

Stein, Zachary. 2007. 'Modeling the demands of interdisciplinarity'. *Integral Review* (4): 91–107.

Tochon, F.V. 2013. *Signs and Symbols in Education: Educational Semiotics*. Madison, Wisconsin: Deep University Press.

Yu, Shuo. 2015. 'Universal Dream, National Dreams and Symbiotic Dream: Reflections on Transcultural Generativity in China–Europe Encounters'. *Journal of China in Comparative Perspective*. Vol. 1 (1): 49– 87.

于硕：2015.《普世价值梦、民族国家梦及环球共生梦:中欧相逢中的跨文化生成性思考》《中国比较研究》，第1卷第1期209-235页。

[参考资料]

寻找"超文化性"的生存空间回应沈骑[1]

于硕

提要: 本文从transcultural一词的中文翻译开始,回应沈骑对此前发表的两篇文章(JCCP 1.1 和1.2)的评论。文章综述了"跨文化"概念的翻译和研究现状,陈述超文化性的特点,介绍人类学、汉学及拉丁美洲诗人的超文化研究成果。鉴于全球化加速与国家主义、社区主义回归的悖论,带着人类处于超文化的现实之中却拒绝接受它的困惑,作者提出了三点具体建议,跟随思想大师进行超文化知识建构,并把这一努力视为带着人类同情心的超文化生存空间的开拓。

关键词: 超文化性, 知识共建, 生存空间, F.奥尔蒂斯, 命运共同体

从历史人类学角度论述中欧相逢中的"跨文化生成性"(Tanscultural generativity),我的这篇文章(于硕 2014)起了抛砖引玉的作用,得到沈骑博士有价值的评论。我从1992年撰写博士论文时开始,就借用"阈限理论"中的"过渡仪式"(Turner 1996:95-97)来思考中欧相逢中的超文化主体,并提出了"超文化交叉场[2]"(champs croisés transculturels)等一系列工具性概念(Yu 2001)。我有过两次相逢知音的喜悦。

第一次是在1999年,我第一次向法国哲学家埃德加·莫兰描述了中欧三次相逢和"超文化交叉场",得到了先生的肯定,两天后他在一封电邮中告诉我:

> "昨天在教科文的会议[3]上,我介绍了你的超文化路径,不只是作为一种观察和分析方法,也是一种伦理打赌(pari éthique),像陀斯妥耶夫斯基那样提问:为什么我们不能彼此成为兄弟?你创造了'超文化相逢交叉场'的概念,我们可以把它视为近代以来普世人道主义精神脉络的继续,例如蒙田对食人族的理解,孟德斯鸠'我们能否成为波斯人?'(Comment peut-on être person?)的提问。还有今天的许多世界主义者,如曼德拉、艾梅·塞泽

---

[1]. 我要说明的是本文是一个集体智慧的成果。除了《中国比较研究》(JCCP)团队对英文所做的认真修改和润色,我要特别感谢著名人类学家和汉学家王斯福(Stephan Feuchtwang)教授的指导,建议我阅读汉内兹(Uif Hannerz)、安乐哲(Roger Ames)、杜赞奇(Prasenjit Duara)和劳埃德(G.E.R. Lloyd)从人类普世观出发进行的研究,这些杰出的学者都已经在他们的研究中触及了我们所谓的"超文化"思路。我要感谢马丁·阿尔布劳(Martin Albrow)教授的赞词和鼓励,他建议的新题目更能够展示文章的主旨和愿望。还要感谢巴黎政治学院吉尔·德拉科瓦(Gil Delannoi)哲学教授,他给了我很多宝贵的想法。还有全球中国比较研究会助理研究人员及翻译潘德刚先生(Nick Prendergast)对英文稿的修饰,以及南京师范大学郭爱民教授和我的挚友廖萍萍对中文版的统校。

[2]. 我曾经发表过的中文文章用的都是"跨",从此以后都改为"超"文化。

[3]. 莫兰先生的报告题为《七种未来教育必需的复杂知识》(Sept savoirs nécessaires à l'éducation du future),他当时担任联合国教科文欧洲文化署主席。

尔(Aime Cesaire)、爱德华·格里桑(Edouard Glissant)、雷蒙·潘尼卡(Raymond Panikkar)……，都终生寻求文化超越，致力于人类共同体的建构。"

莫兰后来在其杰出的著作《伦理》中多处采用了transcultural的概念。他写到："身处今天复杂的世界社会(society-world)，我们需要创造自己的超文化符号表征系统。"(莫兰 2014: 303)。

另一次是不久前，英国《中国比较研究》(JCCP)杂志主编常向群博士将沈骑先生的评论文章转发给我，读后的第一个念头是：终于在中国有了可以一起聊"the transcultural"的人了！从语言学视角出发，沈骑认真梳理了近几十年来文化研究的四种模式，为我们勾勒出了一条学术思路不断深化的清晰脉络。

四种模式分别为：多学科性(multidisciplinarity)、学科间性(interdisciplinarity)、跨学科性(crossdisciplinarity)，以及超学科性。视野不断拓展，概念工具不断丰富。在这些社会科学研究的框架下，沈骑推导出其各自不同的研究方法：多学科性(multidisciplinarity)的文化并列，学科间性(interdisciplinarity)和跨学科性(crossdisciplinarity)的相互切近，以及超学科性(transdisciplinarity)的文化浸润。沈骑先生对这些术语的特征与差异一一做了描述，指出：

> "跨文化研究路径(cross-cultural approach)比际文化研究(intercultural study)更为深入，体现文化交互融合，求同存异，激发文化移情(empathy)，同时也主张以'他者'眼光审视自身。但是需要指出的是，无论是文化间性研究，还是跨文化研究，都由于缺乏对于文化系统的整体性把握，使得跨文化研究流于表层，而显得碎片化，无法窥见文化冰山之全貌"。而"超学科性(transdisciplinarity)是在跨学科研究的基础上出现的一种新的研究形式，它把传统跨学科合作的旧形式与科学复杂性世界观所塑造的知识和文化统一的新追求区分开来，其动力源自对学术研究实际应用的需求以及对新知识的追求。""超文化路径已经不只是一种学术研究的方法，而且还是一种文化研究的态度，抑或是一种文化世界观。"

这篇评论对我无疑是一种鼓励，也令我不敢在学术上有丝毫懈怠。尽管"跨文化"在今天几乎成了一个时髦的词，并已经在一些领域成为一种研究对象和分析方法，但研究成果基本上可分为三类:一类是传统的比较文学或艺术研究，另一类是多元社会中的语言教学、心理或病理治疗以及社会政策(如加拿大)，第三类是跨国经商中的"跨文化"培训，目的是为了更好地沟通，进而能够盈利。很多"跨文化"研究都能从全球出发，但在论述过程中却不知不觉发生概念滑坡，回落到某种文化本质主义的静态二元比较，或者将inter-, cross-, trans-三个概念混同使用，忽略了其中不同的语义表征、思想境界和人文关怀。我们发现许多研究的结论很像联合国宪章的说法，强调文化尊重、和平共处，相互学习。还有少数学者，尽管使用的是inter-或cross-culture，但的确有着超文化(trans-)的感觉。如Claire Kramsch使用"间文化域"(sphere of interculturality)的概念指代文化相逢中建立的新属性(Kramsch 1993)，似乎与我们的超文化性(transcultuality)很相似。

以"跨文化"(inter-或cross-)表述超文化(trans-)观念的还有一位特别重要的英国学者，劳埃德爵士(Sir G.E.R Lloyd)。在《存在、人类与理解》一书中，他探讨了在多大程度上我们都是所属的集体表征系统的俘虏。他以跨文化方法去研究这些文化系统，并提出了修正我们的某些习惯性预设的可能性，进而承认我们"唯一的世界"(Lloya 2012)。

事实上，在超文化直觉中思考最早的是拉丁美洲的作家，如乔治·阿马多(Jorge Amado 1971)、艾梅·塞泽尔(Aimé Césaire 1947)、爱德华·格里桑(Edouard Glissant 1985)。他们从文化"混血"中汲取灵感，批判社会和文化霸权，并整合多样化源泉创建了超文化的意识和身份表达，虽然他们都没有直接使用"超文化"一词。稍后我会再提到他们。

不过，几乎还没有人勾画超文化知识共建的视野和超文化认同的急迫性。尽管在1827年，德国诗人歌德(Johann Wolfgang von Goethe)就已经在渴望着世界文学(Weltliteratur)的建构。

沈骑对"transcultural"一词的翻译及我的赞同理由

沈骑特别梳理了上述三个概念之间的关系和研究路径，这是对普遍意义上的文化研究的基础性贡献。他不同意我把"trans-译成中文的"跨"，因为在中文的习惯性翻译中，inter-culture, cross-culture和trans-culture都被译成了"跨文化"。我完全赞同他的看法，并希望大家一起努力，找到三个不同的中文词汇去对译这三个不同的拉丁文前缀。

在已经发表的两篇文章的中文版中，我将"transcultural"依旧译成了"跨文化"。那不是因为我不清楚中文语境中对三个概念一锅烩的情况，而是深知这不是一个简单的词汇对译，而是要对从文化相遇到超文化融合的过程进行命名。两个自主的(autonomous)文化系统的相遇，永远是人的相遇。他们远距离审视、揣测，随着时间的延长开始接触、对话、了解，相互发生作用。他们会被"镜像效应"俘获，于是文化出现了异质性(heterogeneous)，失去了自主性。相逢是某种"第三空间"(third-space)，在那里"文化相当戏剧化地被重塑"(Prieto-Arranz et al. 2013)。不管是接受还是拒绝，单一文化的"代理人"注定要变成双向代理(double-agent)。在阈限灵活性中(liminal flexibility)新的文化因素几乎是自动地生成着，成为相逢者的共同财富。青出于蓝而胜于蓝。超文化高于文化。这几乎是一次哲学命名，一次人类学阐释，需要集体智慧去完成。

于是，我只是沿用习惯译法，指望用括号中的英文词注明这个"跨文化"(trans-)与那些"跨文化"(inter-, cross-)的思想距离非常遥远。翻译本身正是"transcultural"的探索，要求作为"阈限人"的译者拥有多元知识和超越的人文视野。有一个有趣的细节，我是15年前在法文语境中提炼了"超文化交叉场"champs-croisés transculturels的分析框架。后来，在我多次的英文写作中，"transcultural"一词经常被英语母语使用者当成我的英文错误，改成"cross-cultural"。

我曾经如释重负地发现，英国的兰卡斯特大学于2006年成立了超文化写作和研究中心，旨在"激发创作并探索研究其理论和文化背景"[4]。不过，从其网站介绍和内容上看，没有达到"超文化"的高度，还是在一种或另一种文化棱镜下进行多元的或文化间的比较研究。看来，三个词混用的现象不只是发生在中文翻译和中国学术界。

[4.] http://www.transculturalwriting.com.

沈骑建议将"transculture"译成"超文化"。从区分必要性上而言,我赞成他的提议,并在没有更好的翻译之前采纳"超文化"的译法。我们在学术追求中有着明确的超越期待:超越狭隘、静止的文化主义。它在人文社会领域拥有广大的市场,甚至在某种意义上说,越是在单一学科成就显著的学者就越容易在文化主义的陷阱中难于自拔。又因为他们拥有学术话语权,事实上造成"跨学科"或"超文化"研究的巨大障碍,例如我们很难在传统学科体系中设立超文化课程,我们也几乎难于申请到研究经费。[5]

人们很害怕"超文化"会消解文化差别,失去身份认同的表征符号,进而失去了权利和权力的依据。我们要立即消除这种忧虑。超文化是热情的多元文化保护主义者,但不是保守的文化主义者;超文化欣赏个性之树,也显示整个森林和所有树木相互依存的命运。文化认同强化的是族群、社区、国民意识,这是历史的存在,也是正当的;而超文化认同唤醒的是世界公民、唯一人类共同体成员的意识,这是当下历史性(historicity)使然,成为我们的时代课题,即建构"世界社会"自身独特的表征符号系统(system of representation)。超文化致力于研究多元文化与超文化之间的相依为命的关系,而非不同文化之间的关系。

超文化视野正是始于冲破各种藩篱的生存经验,超越国家民族,超越宗教束缚,超越学科局限。带着"文化资本"(cultural capital)和对"他者"的好奇,人们在家中相逢,在路上相逢,应邀作客。正是那个"强大的生成器"——"惯习"(habitus)赋予了人们一种随遇而安的"实践感"(practical sense, Bourdieu 1980: 88),让相遇的人们索性一起建构这个新的生存空间的意义、价值和信念。

如同马提尼岛(La Martinique)诗人爱德华·格里桑,他既提出了安的列斯性(antillanity)和克里奥尔化(creolisation)概念,也提出了"整体世界"(tout-monde)的概念,以此批评"世界化"(mondialisation)的概念;以"关系认同"(identité-relation)修正"寻根认同"(identité-racine)。他在《诗性的多元》(Introduction à une poétique du divers)一书中写到:"我使用了德里达的术语'解构',通过书写克里奥尔语解构法语。这一'克里奥尔化'伴随着的是克里奥尔语的解放"(Glissant 1995:40)。而这些文字是写给:

> "任何一位有思想的人,无论他属于哪个学科领域。他们正在构想着我们的空间(群岛,坚实的山麓和广袤的陆地),正在痛苦地寻找更肥沃的思想田园、更精确的表达和更真实的艺术......。让这些文字在这里或那里垂直(verticalities)浮现,去保持克里奥尔身份,并同时坦荡地宣布,我们就是从这里打开通向世界和自由的道路。"(Glissant 1995:75)

[5.] 在此我需要特别感谢香港理工大学人文学院,为我们在中国东北地区的一个天主教村的历史人类学研究提供了院长基金。在超过百年时间里,村庄里先后有23位法国和比利时神父担任村庄的本堂神父。该村是跨文化相逢和超文化建构的有趣案例。

"超文化"特点归纳

"超"字很容易导致误读,因此我们有必要对"超文化"的特点加以说明。沈骑已经十分全面地将超文化路径概括为"四个贯穿认知和社会实践的系统层面:目的层次(多元超越的文化价值观)、规范层次(人类伦理的礼仪重构)、实用层次(世界社会的现实治理)以及体验层次(唯一人类共同体的生成性认同心理)"(沈骑2014:?)。我认为:

1. "超文化"不是走出文化,而是在各文化之上取其精华去其糟粕的多重文化认同。
2. "超文化"不是进入宗教,而是在不同时代、不同文化表征符号、不同政治体制、不同个人生命体验中,找到超验(transcendental)共鸣的生存空间。
3. "超文化"是人类普世价值的体现,因而如沈骑所说是一种世界观。人类经验的共性远远多于文明发展中出现的差异性。
4. "超文化"是思维工具和认知路径,通过对人与人相逢的微观"深描"(thick description, 格尔茨1999),呈现全球化过程中不断生成的知识成果。为此我们需要提供分析理论和一套适用的概念工具,诸如:相逢交叉场(cross-field of encounter)、双向代理人(double agent)或文化间代言人(agent of in-between)、超文化身份(transcultural-identity)、阈限灵活性(liminal flexibility)、距离原理(principle of distance)、主动误解(proactive misunderstanding)等等。就中国比较视野研究而言,汉学家们的研究和他们本身是超文化性的生动体现。
5. "超文化"是一种阈限转型(liminal transition)的沟通磨合,具有建构、理解和阐释复杂信息的组合性(compositionality)和生成力(generativity)。不同的自主文化系统在相逢的过程中,融合成异质的、相互包含的"自系统"。如同其前缀trans-所暗示的,它将我们带入到形而上的层面,进而挑战、甚至颠覆文化自主性的种种表征,揭示人们生存其中却拒绝相互接受的悖论。(于硕2014: 134,143)。超文化的学术使命是去回答人类今天最重大的问题之一:如何认识人类的共同命运并接受唇亡齿寒的"我们"?
6. "超文化"是今天人类的现实生存空间,处于文化结构之外的非此非彼(inbetween)状态,我们都是文化混血儿,同时属于多个不同的群体、混合家庭、跨国公司、使用多语言,在世界上移动,通过互联网与世界共时沟通。它既是自由的又是脆弱的,面对文化主义、民族国家主义,以及利益主义的三重夹击。互联网是一个典型的虚拟超文化"第三空间",其巨大能量既令人惊羡又令人惊惧。它塑造着形形色色的超文化的"部落",有全球伦理运动,也有全球恐怖主义联盟。还有貌似"超文化"的逢场作戏,比如陈光标的国际慈善,阿里巴巴美国上市,iPhone在其全球血汗工厂门前对"社会责任"的鼓吹。

不幸的是,我们的世界正呈现一种在国家主权标签下的退缩:中国梦体现为"中国特色"的构建,与美国争霸世界和东南亚"海上丝绸之路"的圆梦;国家恐怖主义例如叙利亚打出"伊斯兰国"的国旗,将"留下并扩张"(remaining and expanding)作为座右铭;俄罗斯在加剧乌克兰敌对局势,试图恢复沙皇帝国，与中国和朝鲜结盟，给世界造成疑惑甚至恐惧，是否将出现新的冷战或第三次世界大战？

教科文组织2014年哲学日的愿望是："人们聚在一起，讨论交流，使这个世界变得更美好。因为在这个争战频仍的时代，哲学是对世界和平的唯一希望"6。我觉得这还是一个世界现实下有限的跨文化方案，它没有勇气提出在国家及文化之上展开世界社会共建的超文化思考。

为了人类的存活，我们需要唤醒超文化的使命感。W.韦尔施在1997年发明了"超文化社会"(transkulturelle Gesellschaft)的概念，它适用于我们中的每个人，不分国籍肤色，不论居住何方(Welsch 1999:194–213)。超文化重塑着我们的世界观，开启人类共同体成员认同的大门，继而生成新的世界和平的力量。

沈骑的评论激发了三个想法

1. 动员中国和欧洲翻译界开展对上述三个西文概念的词源、发展和转译中文做"深描"研究。

概念翻译本身就是文化相遇，伴随着出发文化和到达文化的语境转译，其中必然发生意义的遗失和增值。时间跨度2000年，穿越了古罗马的希腊化，拉丁文的地方化，法文的欧洲化(lingua franca)，英文的本土化和国际化；在文化移植中，发生了西语在中国的翻译，从400多年前的利玛窦开始，其中有粤语、台湾的不同译法……。历史人类学者看得眼花缭乱，趣味横生。我们也希望语言学者能从超文化的地平线上感受愉悦。

这是从孤立的单一文化到融合的超文化的研究路径梳理，是逐级上升的。第一步，回归原点了解各传统文化。第二步，从单一文化(一种神话，因为没有任何文化是单一的)的棱镜中梳理文化的演变和相互之间的互动借鉴(如同多元的、文化间的，跨文化的研究通常所做的)。第三步，在超文化的框架下研究超文化生成性如何在各文化源泉的滋润下发生，并总结提炼新生的第三文化。

这一研讨可以被视为一次"超文化"知识共建的实验。我们的超学科合作网络横跨欧亚大陆，经验丰富7。在第一阶段，可以学习维基百科的方式，动员广大双语网友集思广益，贡献各自的中文翻译，参与这一民主化的知识建构；在第二阶段，组织专家进行梳理，撰写研究论文；在第三阶段举办研讨会，形成学术成果,然后以不同语言出版，这将是超文化探险的新起点。

2. 在人类学和语言学的建树上，追溯"超文化"理论的概念和方法源泉。

---

6. http://en.unesco.org/events/world-philosophy-day-2014.
7. 有设在法兰西研究院人文学院(ASMP)的中欧社会论坛，它的"多语言、多元社会与超文化"研讨组的成员中有著名的香港语言学家陈瑞端和巴黎汉学家白乐桑(Joel Bellasan)，有伦敦以常向群博士带领的全球中国比较研究会和《中国比较研究》强大的"超文化"团队，有中国大陆沈骑这样拥有概念趣味的语言学专家，还有香港理工大学朱志渝教授主持的翻译研究中心，以及我负责的中欧对话中心和任教的中文及双语系。

我们需要回到tranculturation的概念,作为出发点去勾勒超文化理论的建构过程。事实上,很少有人注意(在中国大概至今无人知道),古巴人类学和民族学家费尔南多·奥尔蒂斯·费尔南德斯(Fernando Ortiz Fernández, 1881-1969)早在1940年发表的《古巴复调》中,就提出了trans-culturation的概念(我在这里暂时译成"超化")。奥尔蒂斯很有说服力地证明了,尽管古巴进入了外国开发的极具破坏性的长期过程,但烟草和蔗糖却已经获得了潜在的自主性和总体财政优势,这曾得益于他称之为的"文化的汇聚"(converging cultures)。中心与边缘之间的可逆过程开始了(Ortiz 1995 [1940])。

在这项研究中,他用"超化"这个向上转化的动态化词汇来描绘非洲 — 美洲 — 西班牙文化之间的互动整合和内在关联,考察多元自主文化体系相逢的"超化"过程。与传统人类学忽视历史和移动的倾向不同,我们十分重视空间中的时间流动。在这样的视角下,我们看到,1940年正是第二次世界大战最激烈的时期,南美及其他地区的反殖民主义斗争如火如荼,这个"历史性"促使F. 奥尔蒂斯去建构反殖民运动中的身份认同象征 — 一个超文化的古巴民族。马林诺夫斯基赞扬他为人类学做出了重大贡献。在为该书撰写的序言中,马林诺夫斯基谈到他更喜欢"超化"这个概念,与之相比,"涵化"(acculturation)"听起来像呃逆和打嗝的交替",所表示的更多的是单边的文化变迁。而正如奥尔蒂斯的研究所证明的,超化是一个给予-回馈(give-take)的机制,在这一过程中,一个被改变的、复杂的新现实得以浮现。这个现实不是一个机械的结块,甚至也不是一个马赛克,而是一种新的现象,原创的,独立的"(Navarrete 2000: 15)。

奥尔蒂斯被称为继哥伦布和亚历山大·冯·洪堡之后的"第三位美洲发现者"。他颠覆了弱小民族向强大民族"文化涵化"的观念,从借用文化及其多重影响开始了超文化民族身份的探索。他是当之无愧的超文化路径的开拓者。令人难以置信的是,他发明的概念几乎被人类学界忽视了近半个世纪,尽管著名的人类学家马林诺夫斯基对其高度赞扬并为之作序。

近20多年来,情况喜人,他发明的概念已经流传开来,对此特别有贡献的是普拉特(Mary Louise Pratt),她在游记研究中采用了"超化"概念。带着批判的眼光,普拉特将游记视为一种"帝国的意识形态装备"(ideological apparatus),将其与欧洲自18世纪开始的经济和政治扩张相联接,并分析如何通过公众的游记阅读而发生超化(Pratt 1992)。

已经出现了一系列相应的概念: transculturation (Ortiz 1940), transnationality (Hannerz 1996), transculturality (Welsch 1999, Yu 2001a, 2001b), transnationalism (Duara 2002), transculturalism (Dagnino, 2012, Wilson 2012), translingual(Prieto-Arranz et al. 2013), transculture (http://transcultures.be)……。这些概念在不同语言的人类学及其他领域的研究中交替出现,构成了丰富的超文化分析的概念工具(concept tools)。

因此,我建议成立专门的研究团队进行整体研究(holistic study),从单一文化的研究开始,经由多元文化、跨文化研究,最后到达超文化研究。这可以为我们全球化了的21世纪提供所需要的新的文化研究理论,例如超文化人类学。

3. 进行超文化个案研究的研究，包括汉学研究中的成果，组织中英法三语的著作翻译和系列丛书出版。可以进一步突出《中国比较研究》杂志的超文化定位，在全球一体化的进程中研究中国，分析作为世界的组成部分，而非"中国和世界"话语下的中国社会的变迁和复杂的身份认同。

瑞典著名人类学家乌尔夫·汉内兹(Ulf Hannerz)，针对冷战结束后的全球流动，提出了"超国界性"(Transnationality)的概念。他的研究涉及到城市人类学、媒体人类学和超国界世界主义进程。相关的著作有《探索城市》(*Exploring the City*, 1980年)、《文化复杂性》(*Cultural Complexity*, 1992年)、《跨国界链接》(*Transnational Connections*, 1996)、《外国新闻》(*Foreign News*, 2004年)，以及《人类学的世界》(*Anthropology*, 2011年)。汉内兹在其《流动，边界和杂交：关键词超国界人类学》中，提出了当今世界人类学研究的三个关键词：流动(flow)、边界(boundary)和杂交(hybridity)，并建议梳理其他相关的重要词汇。他提到雷蒙·威廉斯的书，《关键词：文化与社会词汇表》(*A Vocabulary of Culture and Society*, Williams 1976)。汉内兹写道：

> 在这本小书中，"威廉斯探究了二十世纪话语中最核心的百余个概念，将其置于它们的历史积淀的复杂性之中"。"我们感到有趣的是，二十多年前，'全球化'这个词并不在他的关键词汇中。也许，我们可以使我们的路径朝向威廉斯的选择，例如，取用'文明'、'帝国主义'、'人性'、'媒体'和'传统'等词。如果他活到现在去修订自己的书，可能会将'全球化'放入他的关键词中"。(Hannerz 1997: 7-39)

著名汉学家杜赞奇(Prasenjit Duara)以中国现当代史为研究对象，运用"超国界"(transnationalist)历史观研究二十世纪的中国历史。他指出不应该只从独立国家实体的角度去研究历史，而是要将其视为更广泛的，全球和区域的环流和互动过程。他向我们展示的是近代以来，神话、宗教、国家和社会这些中国概念如何被外部力量影响和重新塑造，而这种内部实践本身又如何塑造了外部冲击。"走向世界"的全球进程其实变成了中国唯一的发展远景。在其《中国国家形塑中的全球和地区》中，针对中国的崛起，他敏锐地指出，中国不是单纯地要变成一个新霸权，而是在通过许多知识分子的努力，试图从其历史的和超越的普世性中汲取灵感，例如"天下观"，从而呈现给世界一个更公正的和有"感染力"的形象(Duara 1995, 2002, 2009)。

安乐哲(Roger Ames)，兼哲学家和汉学家于一身，虽然并未使用"超"(trans-)这一词语，但我觉得他就是一位杰出的"超文化"学者(transcultural-ist)。正如我们所知，很多中国内外的文化主义者都乐于否认普世价值，中国的历史、中国文化和中国人是如此特殊，没有被普遍化的可能性。避开道德纯粹主义、国家例外和文化的不可通约性，安乐哲在致力于寻求一种平衡、强调早期儒家学说独特性的同时，告诫读者将遥远过去的属性整合到他们的日常生活中。他认为，早期儒学"其本身对当今世界就具有重大教诲，而不应仅仅被视为"过去或现在的某种西方哲学体系或风格的添加剂"(Ames 2010:20)。

安乐哲试图证明的正是一种我们所说的超文化性(transculturality)。他论述到，首先，所有的文化传统必须为每一个新时代和新地点而重新被"翻译"，如果它们为新的群体保持着活力和动力，如同《论语》中"温故而知新"所主张的那样。其次，儒学本身在中国经历了多次的"创造性适应"，重要的有：通过佛教引入地中海思想，后来在明末至清代接受耶稣会传教士的影响，接着是民国和共产党时代，再到今天的新儒家提供的最新配方，动员起扑朔迷离的"儒家们"和"儒学们"，在中国和在更大的世界舞台上争夺儒学的独尊地位。翻译难免对蕴涵的"韵致和因由"造成损伤，但它至少可以轻松地为严肃的著作注入新的活力，赋予它们以附加的"意义和优雅"(Ames 2010:39)。至此，安乐哲像埃德加·莫兰一样乐观地在人类身上打赌。

针对全球化加速与国家主义、社区主义回归的悖论，带着人类处于超文化的现实之中却拒绝接受它的困惑，跟随思想大师，我们的研究主题可以有：超文化意识与文化多样性的发掘，互联网与世界公民意识的形成，超文化社会的香港与"雨伞运动"，中国的世界雄心与普世价值挑战……

我的超文化的日常泉源

在撰写本文的过程中，我请教了我的丈夫方索(François Bossière)，请这个正在西班牙塞维尔度假的法国画家帮助我解决transcultural的中文翻译困难。他的中文当然不足以好到提供一个合适的词，但是因为其作品语言及工具材料具有中西合璧的特色，曾被中国艺术界朋友总结出一个超文化的"方索现象"(方索 2005)。他向我说了以下颇多启示的话：

> "我发现'跨文化'研究把不同文化置于分开的两岸(inter-和cross-前缀暗含的是空，江河、深谷)，而你的'超文化相遇交叉场'(champs-croisés transculturel de la rencontre)显示的是磁场的引力和亲和力(affinity)，也包括亲和力在数学和生物学上的含义。超文化好像拥有某种遥远的物种同源，或者生物化学中的亲和常数(affinity constant)。我还可以用更直接的比喻——回声(echoes)。文化相逢像回声，对喊和回声同时跌宕呼应，相互浸润。在无限的时间和稍闪即逝的动作中"遥远的将来与遥远的过去相遇"。你还记得精通矿物质的雕塑家罗伯特·史密森的这个句子吗？文化不是矿物质，而更像海绵。还要强调超文化在相逢中的无限创造力。创造力或生育力也是一种生物事实，分子聚合体在时间和相遇中形成，忽然有一天，发现了一个合适的容器，就像毕加索的那句名言：'我不找，我发现'(Je ne cherche pas, je trouve)。最后，超文化是保留差异性的一种适应，如同一把钥匙开一把锁，需要尺寸吻合但也要略有不同，这个空隙在法语中叫'游戏'(jeu)。这也很像桌子抽屉，抽屉和容纳它的空间不能毫厘不差，否则你就拉不动了，必须有几毫米的'游戏'。

沈骑和拥有超文化兴趣的同仁们，让我们来继续这个需要智慧、韧力和人类同情心的超文化认同"游戏"，共同寻找"超文化性"的生存空间。

参考文献

Amado, Jorge. 1971. *Tent of Miracles*. (Novel) NY: Knopf [乔治·阿马多：《奇迹帐篷》(小说),纽约：Knopf，1971年版］。

Ames, Roger T. 2011. *Confucian Role Ethics: A Vocabulary*. Hong Kong: Chinese University Press. pp. 20, 39.

Bossière, François. 2005. *Suite en Jarre Majeure*. Paris: Pacifica-Paris. [方索：《古坛大调组曲》，太平洋-巴黎出版社，2005年版］。

Bourdieu, Pierre. 1980. *Le Sens pratique*. Paris: Les Éditions de Minuit. p. 88.

Césaire, Aimé. 1947. *Soleil cou coupé* (Anthology). Paris [艾梅·塞泽尔：《太阳，被伐掉了颈项》(诗集)，巴黎，1947年版］。

Dagnino, Arianna. 2012. 'Transculturalism and Transcultural Literature in the 21st Century'. In *Transcultural Studies: A Series in Interdisciplinary Research*. Vol. 8.

Duara, Prasenjit. 1995. *Rescuing History from the Nation: Questioning Narratives of Modern China*. Chicago, IL: University of Chicago Press.

— 2002. 'Transnationalism and the challenge to national histories'. In Thomas Bender. *Rethinking American History in a Global Age*. Berkeley and Los Angeles, CA: University of California Press.

— 2009. *The Global and Regional in China's Nation Formation*. London: Routledge.

Geertz, Clifford. 1977. *The Interpretation of Cultures*. New York: Basic Books. [克利福德·格尔茨：《文化的解释》，韩莉译，上海：译林出版社，1999年］。

Glissant, Edouard. 1995. *Introduction à une poétique du divers*. Montréal: Presses de l'Université de Montréal. pp. 40, 75.

— 1985. *Pays rêvé, pays reel* (Anthology). Paris, Editions du Seuil [爱德华·格里桑：《梦想的家园，现实的家园》(诗集)，巴黎：色伊出版社，1985年版］。

Hannerz, Ulf. 1996. *Transnational Connections: Culture, People, Places*. London: Routledge.

— 1997. 'Flows, Boundaries and Hybrids: keywords in transnational anthropology'. WPTC-2K-02. Department of Social Anthropology, Stockholm University. Published in Portuguese in Mana (Rio de Janeiro), 3(1): 7–39.

Kramsch, Claire J. (1993). *Context and Culture in Language Teaching*. Oxford: Oxford University Press.

Morin, Edgar. 2004. *Ethique*. Paris: Seuil, 189. [莫兰：《伦理》,于硕 译，北京：三联出版社，2014年版，第303页］。

Navarrete, William. 2000. *La Chanson cubaine, 1902–1959*. Paris: L'Harmattan. p. 15.

Lloyd, G. E. R. 2012. *Being, Humanity and Understanding*. Oxford: Oxford University Press.

Ortiz Fernández. F. 1995. *Cuban Counterpoint: Tobacco and Sugar*. Durham: Duke University Press [Contrapunteo cubano del tabaco y el azúcar. 1940].

Prieto-Arranz, José Igor et al. 2013. 'Reimagining Cultural Identity: transcultural and translingual communication in virtual third-space environments'. In *Language, Culture and Curriculum*. 26: 1, 20.

Pratt, Mary Louise. 1992. *Imperial Eyes: travel writing and transculturation*. London: Routledge.

SHEN Qi. 2015. 'From cross-cultural and intercultural to transcultural studies: comments on 'Universal dream, national dreams and symbiotic dream: reflections on transcultural generativity in China–Europe encounters'. *Journal of China in Comparative Perspective*. 1(2).

沈骑 2015.《从跨文化、"际文化"到"超文化"研究：兼评〈普世价值梦、民族国家梦及环球共生梦:中欧相逢中的跨文化生成性思考〉一文》．《中国比较研究》第1卷第2期。

Turner, Victor. W. 1966. *The Ritual Process: Structure and Anti-Structure*. Ithaca, NY: Cornell University Press, 95–97. [特纳：《仪式过程——结构与反结构》，黄剑波等译，北京：中国人民大学出版社，2006年版，95–97页］。

Welsch, Wolfgang. 1999. 'Transculturality: the puzzling form of cultures today'. In Featherstone, M. and Lash, S. Eds. 2012. *Spaces of Culture: city, nation, world*. London: Sage. pp.194–213.

Williams, Raymond. 1976. *A Vocabulary of Culture and Society*. Oxford: Oxford University Press.

Wilson, Sheena. 2012. 'Multiculturalisme et transculturalisme: ce que peut nous apprendre la revue ViceVersa (1983–1996)'. In *International Journal of Canadian Studies*. 45–46: 261–275.

Yu, Shuo. 2001a. 'Découverte du transculturel dans un parcours personnel singulier'. In *Etudes Interculturelles*, No, 23 (Fall–Winter). 84–90. Thionville.

— 2001b. *Discovery of transculturality in an approach of cross-fields: examples of Sino-Western historical and contemporary encounters*. Université Nanterre, Paris-X. http://www.sudoc.fr/078961084.

— 2015. 'Universal dream, national dreams and symbiotic dream: reflections on transcultural generativity in China–Europe encounters'. *Journal of China in Comparative Perspective*. 1(1): 49–87.

于硕： 2015.《普世价值梦、民族国家梦及环球共生梦：中欧相逢中的跨文化生成性思考》《中国比较研究》，第1卷第1期：209–235页。

作者简介
Contributors

陈奕麟研究员(Allen Chun), 台湾中央研究院民族研究所研究员。他的主题兴趣包括社会文化理论、历史人类学、国家的文化社会学以及殖民和后殖民社会等领域。他曾在香港，台湾和新加坡做过研究。他发表了许多学术论文，著有: *Unstructuring Chinese Society: The Fictions of Colonial Practice and the Changing Realities of 'Land' in the New Territories of Hong Kong* (Harwood Academic Press, 2000)。

冯东宁博士，英国伦敦大学亚非学院语言及文化学部高级讲师，曾任该学部翻译研究所主任，先后在中国、日本和英国从事语言、社会科学、翻译学等学科的教学二十余年，并曾任教于英国多所大学。他主要研究领域包括文学理论与翻译理论，翻译社会学、批判话语分析与翻译及翻译文化学。他发表的作品包括政治文本翻译和专著 *Literature as Political Philosophy in Contemporary China* (《作为当代中国政治传播的文学符号》, 2002年)。

王斯福教授(Stephan Feuchtwang), 英国伦敦经济学院人类学系荣休教授，伦敦经济学院中国比较研究网 (GCI, LSE) 创始主任。曾为全英中国研究协会 (BACS) 主席。基于长期的在中国大陆和台湾长期对民间宗教和政治等研究其出版物体现在个人魅力、地方、寺庙和节庆及民间社会等方面。他还从事灾难性损失的认可、文明和帝国等方面的比较研究。他发表了几十篇论文并出版了十余部著作，如: *After the Event: The Transmission of Grievous Loss in Germany, China and Taiwan* (2011), and *Popular Religion in China: The Imperial Metaphor* (2001)。此书中译本名为《帝国的隐喻：中国民间宗教》，赵旭东译，江苏人民出版社, 2008年版。

韩格理教授(Gary G. Hamilton), 美国华盛顿大学杰克逊国际研究学院社会学系教授，是该学院前任副院长。著有《新兴经济体，多个不同路径：南韩与台湾的经济组织与国际贸易》(2006年), 《中国社会的商业与资本主义》(2006年), 以及《市场的制造者: 零售商是如何改变全球经济的》(2011年)。他还以将费孝通的《乡土中国》(*From the Soil – The Foundations of Chinese Society*, a Translation of Fei Xiaotong's Xiangtu Zhongguo. Introduction and Epilogue by Gary G. Hamilton and Wang Zheng, Berkeley: University of California Press, 1994) 介绍到英语世界广为中国学者所熟知。

作者简介 Contributors

中根千枝教授(Chie Nakane), 日本东京大学荣休教授,曾为该校社会人类学教授并东方文化研究所主任。她还曾为芝加哥大学和伦敦大学亚非学院客座教授、康奈尔大学博文讲座教授。中根教授还是英国人类学研究所名誉会员。她的主要研究领域包括亚洲社会的比较研究和日本、中国及印度的社会结构。她的代表作包括《家庭的结构—社会人类学的分析》(1970年)。

朴红博士(Hong Park 或 Ko Paku), 北海道大学大学院农学研究院农业经济学准教授,主要研究领域为长期进行田野式追踪调研东亚地区(中国, 日本, 韩国, 台湾)的农业农村发展,如在黑龙江省进行国有农场的水利及水稻开发、经营的研究, 在山东省进行对日出口蔬菜的生产、加工组织的结构的研究, 在江苏省开弦弓村进行农村工业化与产业结构及区域社会的变化研究,这是一项与社会学的跨学科的研究。至今出版了六部著作(日文), 七十余篇学术论文(日、中、韩、英文), 包括《中国东北地区家族经营方式的再生与农村组织化》(御茶之水书房, 1999年)和《台湾的农村协同组合》(筑波书房, 2010年)。

沈骑博士, 上海外国语大学语言研究院副教授, 中国外语战略研究中心(RCFLS)副主任, 他的研究兴趣有语言政策与语言规划, 语言社会学, 教育语言学与比较教育学。他致力于从政治学、文化学和社会学多视角研究中国语言教育政策的研究, 他曾经提出一个融政策过程、政策内容与政策价值三位一体的分析框架, 用以比较和分析东亚国家外语教育政策的发展全貌。目前他正试图开展教育语言学的超学科范式研究。

宋连谊博士, 英国伦敦大学亚非学院中国与内亚文化和语言系高级讲师, 在英国获得教育学博士学学位前后从事对外汉语教学20多年。他是大量汉语教学著述的作者或合作者, 如《普通话自学入门》、《十天会说普通话》、《自信地说普通话》《普通话初学者》、《普通话会话》, 以及《中文读写脚本》等。

宣力女士(Lik Suen), 英国伦敦大学亚非学院中国与内亚文化和语言系高级讲师, 伦敦孔子学院 (LCI) 副院长。曾先后在香港、美国和英国从事对外汉语教学近20年。她是英国汉语考试委员会主考官, 主编《中学阶梯汉语》 (*Get Ahead in Chinese*), 《步步高中文》(*Chinese in Steps*)。

胜雅律教授(Harro von Senger), 德国弗莱堡大学的汉学教授, 瑞士比较 法研究所的专家、法官,也是中国军事研究专家。著有《商业36计: 通 过隐藏和非常规的战略战术实现自己的目标》,《智谋: 制胜与生存的战术》, 翻译成十几种语言。

余华博士，上海外国语大学语言研究院专职研究人员，助理研究员，研究兴趣：文化记忆与文化话语学、批判遗产研究、语言民族志等。2007-2013 年的研究对象为湘西苗寨的礼文化，针对西方人类学家对苗文化研究的不足，提出带有中国本土特点的，以现象学为基础的人类学文化"厚描"，将田野中采集到的文化记忆、口述故事，以及相关的地方志文献整合为礼活动的细节描述。同时与中国传统经典著作中的文化大义进行深度对话，试图发展一种基于传统中国文化写作方式的民族志，与西方的他者表征形成对比。

于硕教授，任教于香港理工大学双语系并担任中欧超文化对话中心(Centre for China-Europe Transcultural Communication)的欧洲代表，她是该中心的创始主任，也是中欧社会论坛的创始人之一并任其第一任总监。赴法国攻读博士之前曾任教于中国人民大学。旅居法国二十余年，与法国画家方索(Francois Bossiere)结婚，从事跨文化人类学的研究及教学。她一直跟随法国著名思想家莫兰(Edgar Morin)并将其复杂性思维(Pensée complexe/complex thinking)运用于中欧对话交流的实践,基于中欧三次相逢的研究提出了跨文化场(champs croisés/cross fields)理论。

叶可嘉博士(Ekaterina Zavidovskaya)，俄国圣彼得堡大学亚非研究中国哲学副教授。她的研究兴趣包括现代中国含台湾的民间宗教、中国社会自我治理、中国传统戏曲、中国现当代文学、道教仪式、东南亚华人的宗教生活、以及越南北部少数民族地区的占卜实践等。

www.ingramcontent.com/pod-product-compliance
Lightning Source LLC
Chambersburg PA
CBHW081332230426
43667CB00018B/2906